Sebastian Barsch

Politik ganz einfach und klar

Wahlen

PERSEN

Der Autor:

Sebastian Barsch ist Förderschullehrer und arbeitet seit mehreren Jahren an Schulen mit dem Förderschwerpunkt Geistige Entwicklung.

Gedruckt auf umweltbewusst gefertigtem, chlorfrei gebleichtem und alterungsbeständigem Papier.

6. Auflage 2017

Fotos von Seite 63: © www.gwhoosh.de.vn
Fotos von Seite 72, 75: © fotobeam/fotolia.de
Fotos von Seite 72, 73, 74: © Dan Race/fotolia.de

Illustrationen: Mele Brink
Layout und Satz: Satzpunkt Ursula Ewert GmbH, Bayreuth

ISBN 978-3-8344-3290-2

www.persen.de

Inhaltsverzeichnis

Vorwort

Politische Kenntnisse und das Verstehen des Wahlsystems sind wesentliche Voraussetzungen, um an den gesellschaftlichen und politischen Prozessen in einer Demokratie teilhaben zu können. Mit dem Ende des 2. Weltkriegs wurden die Themen Demokratie, Politik und Wahlen wesentliche Bestandteile des schulischen Bildungsauftrags, sowohl in der Bundesrepublik als auch in der DDR, wenn auch dort unter anderen Vorzeichen. Nach der Wiedervereinigung und der damit einhergehenden Vereinheitlichung des politischen Systems wurden diese Bildungsinhalte noch bedeutsamer. Mittlerweile wurde das Wahlalter bei den Kommunalwahlen in vielen Bundesländern auf 16 herabgesetzt. Somit sind Schulen noch mehr gefordert, sich mit diesem Thema im Unterricht zu befassen, wird doch eine große Zahl von Schülern* ihre erste aktive Wahl noch in der eigenen Schulzeit erleben.

Gerade für Schüler mit sonderpädagogischem Förderbedarf stellen die theoretischen Hintergründe und der praktische Ablauf von Wahlen jedoch eine große Herausforderung dar: Das deutsche Wahlsystem wirkt durch Begriffe wie „Erststimme“ und „Zweitstimme“ oder durch Begriffe wie „Regierung“, „Opposition“ oder „Koalition“ schnell verwirrend und unverständlich. Dazu kommt, dass Politiker und Parteien nicht gerade dazu neigen, sich in klarer und leicht verständlicher Sprache auszudrücken. Sie nutzen komplizierte und verschachtelte Sätze oder bedienen sich einer viel zu großen Zahl an Fremdwörtern. Dies gilt sowohl für Interviews als auch für Wahl- und Parteiprogramme, Regierungserklärungen und Pressemitteilungen politischer Mandatsträger.

Das vorliegende Material soll helfen, auch Schülern mit Lernschwierigkeiten politische Inhalte nahezubringen und ihnen grundlegendes Wissen zu vermitteln, um als Bürgerinnen und Bürger vom aktiven Wahlrecht Gebrauch machen zu können. Die Lektionen beschränken sich auf das Wesentliche, ohne das große Ganze zu vernachlässigen. Sie vermitteln Inhalte in leichter Sprache, erklären jedoch auch die schwierigen Wörter, die im Alltag immer wieder in Nachrichtensendungen, politischen Talkshows oder Zeitungsberichten zu hören sind. Die einzelnen Lektionen bilden eine Mischung aus Lesetexten und dazu passenden Übungsaufgaben und können aufeinander aufbauend oder je nach Vorwissen der Schüler separat genutzt werden.

***Hinweis:**

Aus Gründen der besseren Lesbarkeit wird für Personen- und Berufsbezeichnungen jeweils die männliche Form verwendet. Selbstverständlich ist dabei die weibliche Form immer mit eingeschlossen.

Hinweise zur Arbeit mit dem Material

Sie haben die Möglichkeit, die Übungen entweder der Reihe nach oder einzeln zu bearbeiten. Vor Landtagswahlen mag es ggf. nicht nötig sein, auch die Module Bundestagswahl oder Europawahl zu bearbeiten. Je nach Vorwissen der Schüler kann es jedoch angebracht sein, mit grundlegenden Einheiten zu beginnen, um ihnen zu verdeutlichen, warum es überhaupt Wahlen gibt und warum diese ein wichtiger Bestandteil unserer Gesellschaftsordnung sind.

Alle Themen werden zunächst **durch einen Lesetext eingeführt und dann durch Übungsaufgaben ergänzt**. Einige Aufgaben sind nach Schwierigkeitsgrad differenziert. Die vom Anspruch her leichtere Aufgabe ist mit einem (B) markiert.

Fett gedruckte Wörter werden sowohl im Text selbst als auch im „Wörterbuch" noch einmal kurz und knapp erklärt. Das kleine Politik-Lexikon kann entweder jedem einzelnen Schüler, jeder Tischgruppe oder auch nur einmal für die gesamte Lerngruppe z. B. als Wandtafel zur Verfügung gestellt werden.

Einige Arbeitsblätter sollten von Ihnen zusammen mit den Schülern besprochen werden, da sie entweder moderiert werden müssen (z. B. Diskussionen oder Rollenspiele), häufig wechselnde Ergebnisse enthalten (z. B. die Namen von aktuell regierenden Parteien) oder regional verschieden sind (z. B. bei der Erstellung eines Steckbriefes der eigenen Gemeinde).

Aufgaben, die eine Internetrecherche beinhalten, sollten vor der Unterrichtsstunde noch einmal von Ihnen überprüft werden. Bei den teilweise rasanten Änderungen von Internetangeboten kann es durchaus möglich sein, dass Inhalte der Websites nicht mehr dem Stand zur Drucklegung dieses Buches entsprechen. Es sollte jedoch auch dann kein Problem sein, an die Informationen zu kommen. Suchmaschinen leisten dabei einen wertvollen Beitrag.

Das Buch ist wie folgt aufgebaut:

- Zunächst werden grundsätzliche Fragen zu Politik, Demokratie und Wahlen geklärt. Der Schwerpunkt liegt hier auf allgemeinen Erklärungen wichtiger Schlagwörter und Konzepte unseres politischen Systems.
- Im Anschluss daran werden die verschiedenen Wahlen thematisiert: Bundestagswahl, Landtagswahl, Kommunalwahl und Europawahl. Im Rahmen der Bundestagswahl werden dabei die wichtigsten Politiker vorgestellt. Außerdem gibt es passend zu den Arbeitsblättern zur Landtagswahl einen kurzen Exkurs zu den Bundesländern. Analog dazu gibt es zur Europawahl nähere Informationen zu den Mitgliedern der Europäischen Union. Dies verschafft einen umfassenderen Überblick.
- Nach den Wahlen werden die größten Parteien vorgestellt, der Wahlkampf und die Arbeitsweisen der Politiker erklärt.
- Abschließend wird der praktische Ablauf von Wahlen beschrieben.
- Damit auch kein Schüler den Faden verliert, wenn er mal ein Wort nicht versteht, gibt es im Anhang das kleine Politik-Lexikon. Hier können die Schüler eigenständig nachschlagen und sich schnell informieren.

Was ist Politik?

Wo viele Menschen in einer Stadt oder in einem Land zusammenleben, müssen zahlreiche Dinge geregelt werden, damit möglichst alle gut miteinander zurechtkommen und zufrieden sind.
Es müssen **Gesetze** gemacht werden, an die sich alle halten.
Weil zum Beispiel niemand gerne bestohlen werden möchte, muss es ein Gesetz geben, das Diebstahl verbietet.
Es müssen auch Entscheidungen getroffen werden.
Wenn zum Beispiel ein neuer Fußballplatz in einer Stadt entstehen soll, muss entschieden werden, wohin dieser gebaut wird und wer den Fußballplatz bezahlt.
Damit nicht bei jeder Entscheidung alle Menschen einer Stadt oder eines Landes befragt werden müssen, gibt es **Politiker**. Politiker sind die Vertreter der Menschen, die in einer Stadt oder in einem Land leben.
Sie werden von den Menschen gewählt, damit sie deren Interessen vertreten.
Die Politiker beschließen dann die Gesetze und treffen die Entscheidungen.
Das ist so ähnlich wie der Schülerrat in der Schule: In den Klassen werden die Klassensprecher als Vertreter der Klasse gewählt.
Alle Klassensprecher zusammen bilden den Schülerrat. Der Schülerrat trifft dann Entscheidungen, die für die ganze Schule gelten.

Politik meint allgemein, dass etwas von jemandem getan wird, um öffentliche Zwecke oder Wünsche (z. B. Frieden oder Gerechtigkeit) zu erreichen. Bei uns in Deutschland bedeutet dies, dass gewählte Personen stellvertretend Regeln und Entscheidungen treffen, die für alle Menschen in einer Stadt oder einem Land gelten.

Politik wird an vielen Orten gemacht. Auch in der Schule gibt es Politik, wenn zum Beispiel der Schülerrat etwas entscheidet, was für alle Schüler gilt.

1 Kreuze die richtigen Sätze an.

2 Streiche die falschen Sätze mit Lineal durch.

- ☐ Politik heißt, dass Regeln für einen einzelnen Menschen gemacht werden.
- ☐ Politik heißt, dass Regeln für alle Menschen in einer Stadt oder in einem Land gemacht werden.
- ☐ Politik heißt, dass Regeln für Menschen, die in einem anderen Land leben, gemacht werden.
- ☐ Politische Entscheidungen werden von der ganzen Bevölkerung gleichzeitig gemacht.
- ☐ Politische Entscheidungen werden ausgelost.
- ☐ Politische Entscheidungen werden von Vertretern der Bevölkerung gemacht.
- ☐ Wenn der Schülerrat Entscheidungen trifft, ist das Politik.
- ☐ Wenn ein Lehrer sagt, welche Aufgaben gerechnet werden müssen, ist das Politik.
- ☐ Wenn ein Schüler etwas ganz alleine bestimmt, ist das Politik.

Was ist Demokratie?

Deutschland ist eine Demokratie. **Demokratie** heißt „Herrschaft des Volkes". Das Volk sind alle Menschen, die in einem Land leben. Das deutsche Volk sind also alle Menschen, die in Deutschland leben und einen deutschen Pass haben.

In einer Demokratie darf jeder mitentscheiden.
Alle entscheiden gemeinsam, nicht einer entscheidet für alle.
In einer Demokratie wählen die Menschen Personen oder Parteien, die ihre Meinung vertreten sollen und das Land als Stellvertreter regieren.
Diese **Wahlen** sind für alle gleich, freiwillig und geheim. Das heißt, dass niemand sagen muss, was er wählt.
Es darf auch niemand gezwungen werden, eine bestimmte Partei zu wählen.
Die gewählten Personen nennt man Politiker.
Die Politiker, die in einer Wahl gewonnen haben, bilden die **Regierung**.
Die Regierung macht **Gesetze**.

Von 1949 bis 1990 gab es zwei verschiedene deutsche Staaten.
Die „Bundesrepublik Deutschland" und die **DDR**, das ist die Abkürzung für „Deutsche Demokratische Republik". Obwohl das Wort „demokratisch" im Namen dieses Landes vorkam, war die DDR keine Demokratie, sondern eine **Diktatur**. Diktatur heißt, dass eine kleine Gruppe von Menschen, manchmal nur eine einzige Person, die Macht hat. Diese Gruppe oder Person wurde meistens nicht frei gewählt, sondern hat sich mit Gewalt an die Macht gebracht.

Was ist Demokratie?

1 Kreuze die richtigen Sätze an.

Was heißt Demokratie?

- ☐ Herrschaft der Könige
- ☐ Herrschaft der Bauern
- ☐ Herrschaft des Volkes

Wer regiert in Deutschland?

- ☐ ein Kaiser
- ☐ gewählte Politiker
- ☐ ein General

Wie wird man Politiker?

- ☐ Man wird automatisch Politiker, wenn die Eltern auch Politiker sind.
- ☐ Man muss gewählt werden.
- ☐ Man wird ausgelost.

Was macht die Regierung?

- ☐ kochen
- ☐ Verbrecher jagen
- ☐ Gesetze

Was war die DDR?

- ☐ ein Bundesland
- ☐ eine Diktatur
- ☐ ein Königreich

Was ist Demokratie?

B

1 Kreuze die richtigen Sätze an.

Wer regiert in Deutschland?

- ☐ ein Kaiser
- ☐ gewählte Politiker
- ☐ ein General

Was macht die Regierung?

- ☐ kochen
- ☐ Verbrecher jagen
- ☐ Gesetze

Wie wird man Politiker?

- ☐ Man wird automatisch Politiker, wenn die Eltern auch Politiker sind.
- ☐ Man muss gewählt werden.
- ☐ Man wird ausgelost.

Welche Wahlen gibt es?

In Deutschland gibt es vier verschiedene Wahlen.

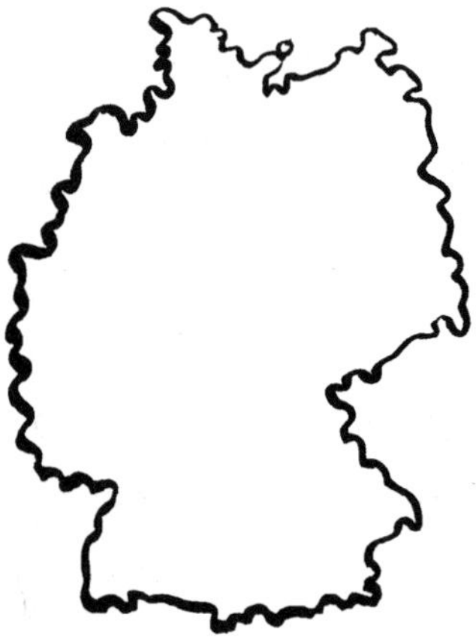

1. Bei der **Bundestagswahl** wird die Regierung von ganz Deutschland gewählt. Die Politiker, die dort gewählt werden, vertreten die Interessen aller Menschen in Deutschland.
   Bei der Bundestagswahl entscheidet sich auch, wer Bundeskanzler wird.

2. Bei der **Landtagswahl** wird die Regierung eines Bundeslandes gewählt. Die Politiker, die dort gewählt werden, sind nicht für ganz Deutschland, sondern für ein bestimmtes Bundesland verantwortlich.
   In Berlin heißt diese Wahl nicht Landtagswahl, sondern „Wahl zum Abgeordnetenhaus".
   In Bremen und Hamburg heißt die Wahl „Bürgerschaftswahl".

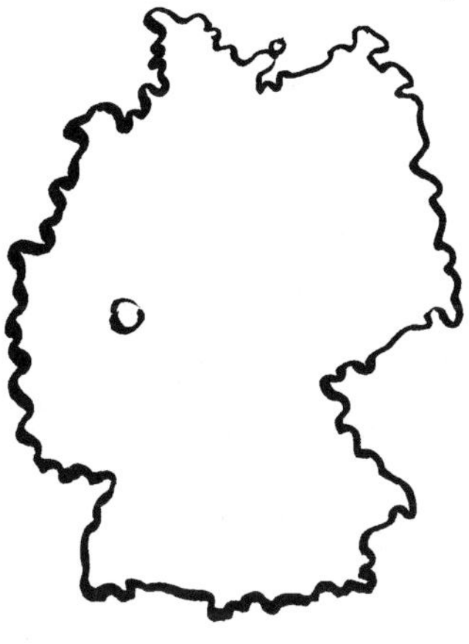

3. Bei den **Kommunalwahlen** werden die Politiker gewählt, die in Gemeinderäten oder in Kreisräten arbeiten sollen. Bei dieser Wahl werden auch Bürgermeister gewählt. Bei den Kommunalwahlen werden also Politiker gewählt, die das Zusammenleben in einer Gemeinde oder einem Landkreis regeln sollen. Die Politiker werden von den Einwohnern der Gemeinden gewählt, für die sie antreten. Menschen, die zum Beispiel in Köln wohnen, können nur die Politiker und Bürgermeister für Köln wählen, aber nicht die für Berlin.

4. Es gibt auch noch die **Europawahl**. Dort werden die Politiker für das Europäische Parlament gewählt. Die Politiker kommen aus 27 verschiedenen Ländern. Diese 27 Länder bilden zusammen die „Europäische Union“, also die EU. Im Europäischen Parlament treffen die Politiker Entscheidungen, die für alle 27 Länder wichtig sind. Dort wurde z. B. beschlossen, dass die Menschen in vielen Ländern mit dem gleichen Geld bezahlen, nämlich mit dem Euro.

Welche Wahlen gibt es?

A

1 Es gibt vier verschiedene Wahlen.

Finde heraus, zu welchen Wahlen die einzelnen Sätze gehören.

1. Die Politiker, die in dieser Wahl gewählt werden, machen Gesetze, die für ganz Deutschland gelten. Bei dieser Wahl entscheidet sich auch, wer Bundeskanzler wird.

   Die Wahl heißt: ____________________________

2. Die Politiker, die in dieser Wahl gewählt werden, machen Gesetze, die für 27 Länder gültig sind. Diese 27 Länder sind zusammen die EU.

   Die Wahl heißt: ____________________________

3. Die Politiker, die in dieser Wahl gewählt werden, machen Gesetze, die für eine Gemeinde oder einen Landkreis wichtig sind. Bei dieser Wahl werden auch Bürgermeister gewählt.

   Die Wahl heißt: ____________________________

4. Die Politiker, die in dieser Wahl gewählt werden, machen Gesetze für ein bestimmtes Bundesland.

   Die Wahl heißt: ____________________________

Welche Wahlen gibt es?

1 Kreuze an, welche politischen Wahlen in Deutschland wichtig sind.

- ☐ Wahl zur Schönheitskönigin
- ☐ Landtagswahl
- ☐ Wahl des schönsten Schulhofes
- ☐ Bundestagswahl
- ☐ Getränkewahl
- ☐ Europawahl
- ☐ Seitenwahl beim Fußballspiel
- ☐ Kommunalwahl

2 Schreibe zu jeder Abbildung die passende Wahl hinzu.

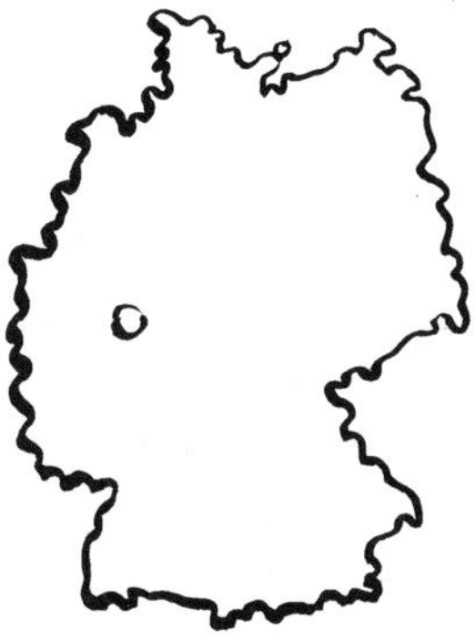

____

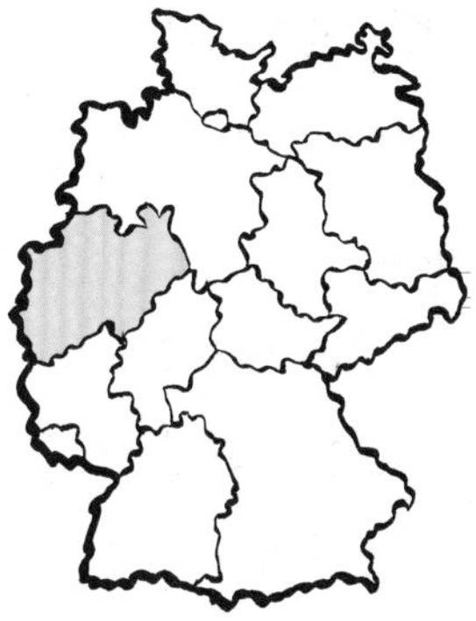

____

____

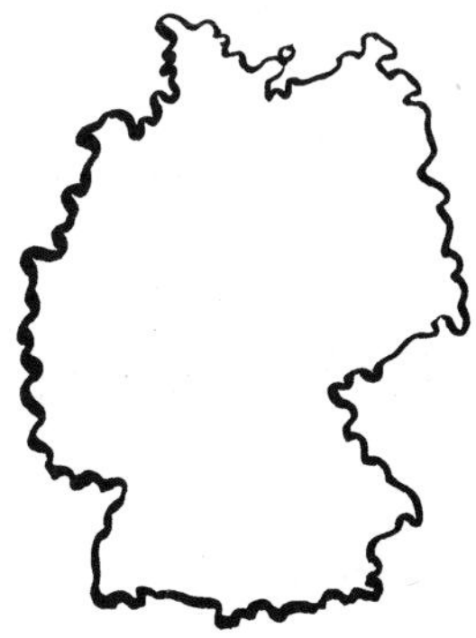

____

Die Bundestagswahl

Die **Bundestagswahl** findet alle vier Jahre statt.
Bei der Bundestagswahl wird die Regierung der **Bundesrepublik Deutschland** gewählt.
Durch diese Wahl wird auch entschieden, wer **Bundeskanzler** wird.
Um an dieser Wahl teilnehmen zu dürfen, muss man mindestens 18 Jahre alt sein und die deutsche **Staatsbürgerschaft** haben. Je mehr Stimmen eine Partei erhält, desto mehr Sitze bekommt sie im Bundestag.

Die gewählten Parteien mit den meisten Stimmen bilden zusammen die **Regierung**. Diese Regierung heißt auch **Bundesregierung**. Sie besteht aus dem Bundeskanzler und den Bundesministern. Meistens besteht die Bundesregierung aus zwei Parteien, die zusammenarbeiten. Die Parteien, die nicht die Mehrheit haben, bilden die **Opposition**. Regierung und Opposition bilden den **Bundestag**. Der Bundestag arbeitet vor allem in der Hauptstadt Deutschlands, in Berlin. Dort trifft er sich regelmäßig und berät über Gesetze. Der Bundestag beschließt auch, wofür Geld ausgegeben werden soll.

Die wichtigsten Aufgaben des Bundestages sind:

- die Bundesgesetze: Gesetze, die für ganz Deutschland gelten und nicht nur für ein bestimmtes Bundesland
- die Wahl des Bundeskanzlers
- der Bundeshaushalt: das Geld, das der Staat ausgeben kann
- die Bundeswehr
- die Nachrichtendienste: das sind die Geheimdienste

1 Beantworte die Fragen in ganzen Sätzen.

- Wie oft findet die Bundestagswahl statt?

- Was wird bei der Bundestagswahl gewählt?

- Wer darf an der Bundestagswahl teilnehmen?

- Was bilden die Parteien, die zusammen die meisten Stimmen erhalten?

- Was bilden die Parteien, die nicht die meisten Stimmen erhalten haben?

- Was bilden Regierung und Opposition zusammen?

- Nenne zwei wichtige Aufgaben des Bundestages.

Regierung und Opposition

Die Parteien, die bei einer Wahl gewonnen haben, bilden die **Regierung**.
Die Regierung muss mindestens die Hälfte aller Wählerstimmen bekommen haben, also eine absolute Mehrheit. Weil eine Partei alleine meistens nicht so viele Stimmen bekommt, tun sich oft zwei oder mehrere Parteien zusammen. So einen Zusammenschluss nennt man **Koalition**. Die beiden Parteien bilden dann gemeinsam die Regierung.
Die Regierung leitet den gesamten Staat, also alle Bundesländer Deutschlands. Darum wird die Regierung auch Bundesregierung genannt.
Der Chef der Regierung ist der **Bundeskanzler**.
Der Bundeskanzler schlägt die **Bundesminister** vor.
Mit ihnen arbeitet er eng zusammen. Die einzelnen Bundesminister kümmern sich um bestimmte Aufgaben, zum Beispiel um Gesundheit, Arbeit oder Familie.
Die Parteien, die bei einer Wahl nicht gewonnen haben, bilden die **Opposition**. Die Opposition steht der Regierung gegenüber. Sie gehört also nicht zur Mehrheit. Trotzdem ist sie wichtig. Sie muss aufpassen, dass die Gesetze eingehalten werden. Außerdem kann sie Vorschläge zu Gesetzen kritisieren und Alternativen vorschlagen.
Bei jeder neuen Wahl können andere Parteien zur Regierung und Opposition werden. Wenn die Menschen mit den Entscheidungen einer Regierung nicht zufrieden sind, können sie bei der nächsten Wahl andere Parteien wählen.

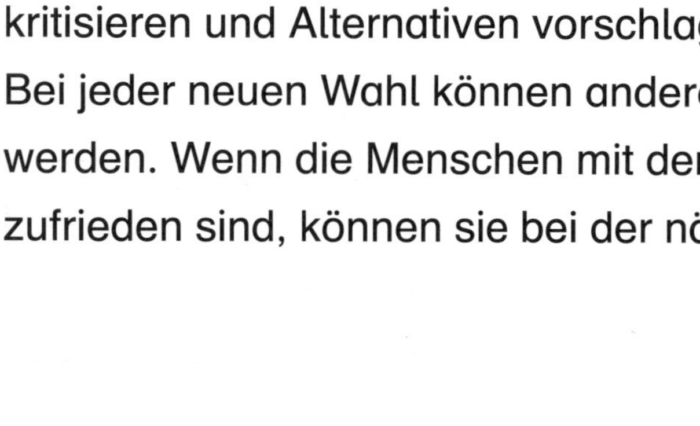

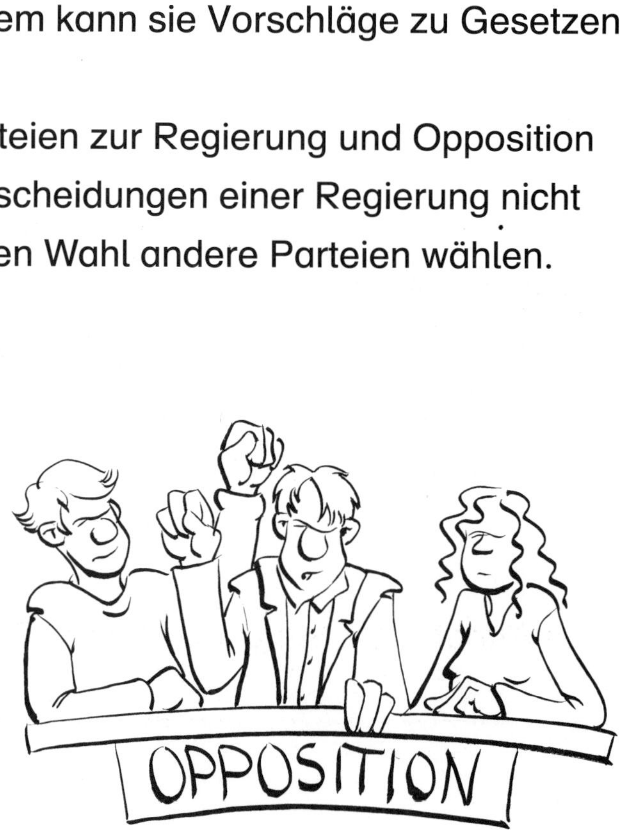

Regierung und Opposition

1 Überlege, ob folgende Aussagen richtig oder falsch sind. Kreuze an.

	richtig	falsch
Die Parteien, die in einer Wahl gewonnen haben, bilden die Regierung.		
Die Opposition kann mehr entscheiden als die Regierung.		
Einen Zusammenschluss von Parteien nennt man Koalition.		
Die Regierung kann nicht abgewählt werden.		
Der Chef der Regierung ist der Bundeskanzler.		
Minister gehören zur Regierung.		
Die Opposition ist unwichtig.		
Die Bundesregierung ist für ganz Deutschland zuständig.		

Regierung und Opposition

1 **Gehe ins Internet. Versuche herauszufinden, welche Parteien zur Regierung gehören und welche Parteien zur Opposition gehören.**

Hilfe:
Gib auf der Seite de.wikipedia.org die Suchbegriffe „Bundesregierung" und „Deutschland" ein!

____

____

____

____

Der Bundeskanzler

Der Chef der Regierung ist der **Bundeskanzler**.
Er hat großen Einfluss darauf, welche Politik in Deutschland gemacht wird.
Der Bundeskanzler schlägt mehrere **Bundesminister** vor.
Der Bundespräsident ernennt die Bundesminister.
Der Bundeskanzler arbeitet eng mit den Bundesministern zusammen.
Die Minister sind für bestimmte Aufgaben zuständig.
Der Familienminister kümmert sich um Angelegenheiten, die mit Familie und Kindern zu tun haben. Der Außenminister ist dafür zuständig, mit Politikern aus anderen Staaten zu sprechen und zu verhandeln.
Der Verteidigungsminister ist für die Bundeswehr zuständig.

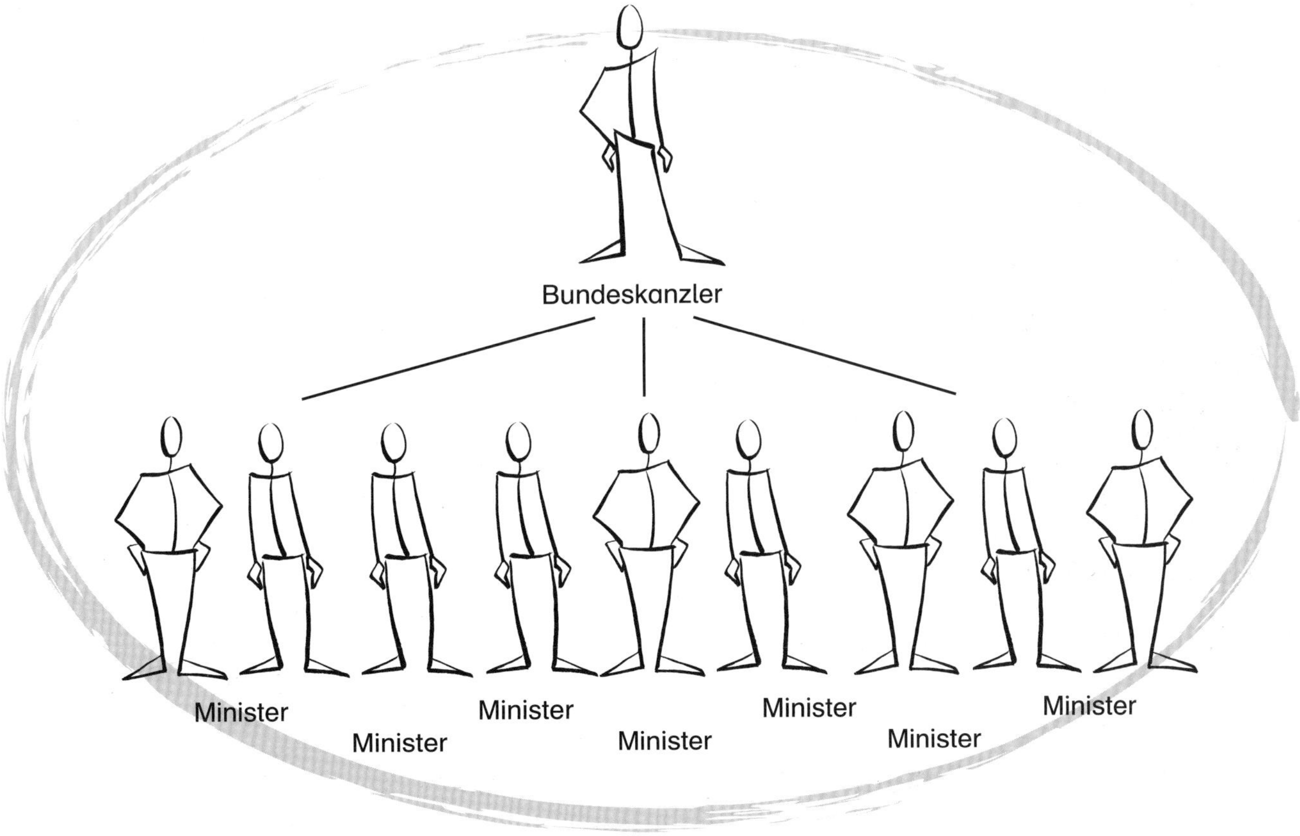

Der Bundeskanzler

1 Trage die richtigen Wörter in die Lücken ein.

Der Bundeskanzler ist der

__________________ der Regierung.

Er hat großen Einfluss darauf, welche

__________________ in Deutschland gemacht wird.

Der Bundeskanzler schlägt mehrere

__________________ vor.

Der Bundespräsident ernennt die Bundesminister.

Die Minister sind für bestimmte Aufgaben zuständig.

Der __________________ kümmert sich um

Angelegenheiten, die mit Familie und Kindern zu tun haben.

Der __________________ ist dafür zuständig, mit

Politikern aus anderen Staaten zu sprechen und zu verhandeln.

Der Verteidigungsminister ist für die __________________

zuständig.

Der Bundeskanzler

1 Trage die richtigen Wörter in die Lücken ein.

Der Bundeskanzler ist der

______________________________ der Regierung.

Er hat großen Einfluss darauf, welche

______________________________ in Deutschland gemacht wird.

Der Bundeskanzler schlägt mehrere

______________________________ vor.

Der Bundespräsident ernennt die Bundesminister.

Die Minister sind für bestimmte Aufgaben zuständig.

Der ______________________________ kümmert sich um Angelegenheiten, die mit Familie und Kindern zu tun haben.

Der ______________________________ ist dafür zuständig, mit Politikern aus anderen Staaten zu sprechen und zu verhandeln.

Der Verteidigungsminister ist für die ______________________________ zuständig.

Bundeswehr – Bundesminister – Politik – Chef –
Außenminister – Familienminister

Der Bundeskanzler

Gehe auf diese Internetseite:

http://www.bundeskanzlerin.de

1 Wie heißt der Bundeskanzler von Deutschland?

2 Zu welcher Partei gehört er?

Name der Bundeskanzlerin oder des Bundeskanzlers:

____

Zu dieser Partei gehört die Bundeskanzlerin oder der Bundeskanzler:

____

Findest du auf der Seite die Namen von früheren Bundeskanzlern? Wenn ja, schreibe sie hier auf.

____

Der Bundeskanzler

1 **Gehe ins Internet.**

Gib die Wörter „Bundeskanzler“ und „Deutschland“ in eine Suchmaschine ein. Finde den Namen der Bundeskanzlerin oder des Bundeskanzlers heraus.

Name: ______________________________

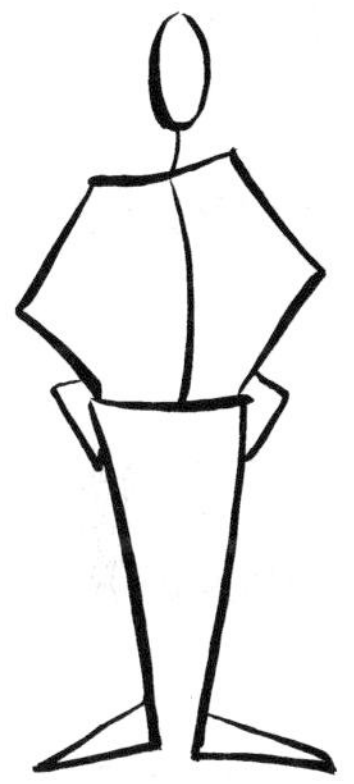

Zu welcher Partei gehört die Bundeskanzlerin oder der Bundeskanzler?
Partei: ______________________________

Wie wird man Bundeskanzler

Der **Bundeskanzler** ist der Chef der Bunderegierung. Er wird nicht direkt vom Volk gewählt. Im **Wahlkampf** erklären die einzelnen Parteien, wer Bundeskanzler werden soll, wenn sie die Wahl gewinnen.
Im Jahre 2009 hat die CDU zum Beispiel schon vor der Wahl Angela Merkel als Kanzlerkandidatin vorgestellt, wenn die CDU zu den Wahlgewinnern gehört. Die SPD hat einen eigenen **Kanzlerkandidaten** aufgestellt: Frank Walter Steinmeier.
Die CDU hat bei der **Bundestagswahl 2009** die meisten Stimmen erhalten. Zusammen mit der FDP bildet sie eine Koalition, einen Zusammenschluss. CDU und FDP haben gemeinsam die absolute Mehrheit im Bundestag und stellen die Regierung dar. Ihren Wunsch für den Kanzlerkandidaten besprechen sie mit dem Bundespräsidenten. Denn der **Bundespräsident** muss den Kanzlerkandidaten vorschlagen. In seiner Entscheidung ist er frei. Doch bisher hat der Bundespräsident den gewünschten Kandidaten der regierenden Parteien vorgeschlagen. 2009 hieß der Wunsch von CDU und FDP Angela Merkel. Der Kanzlerkandidat muss vom Bundestag anschließend mit absoluter Mehrheit gewählt werden. Die absolute Mehrheit ist mehr als die Hälfte der möglichen Stimmen.

© www.cdu.de

Wie wird man Bundeskanzler A/B

1 Überlege, ob folgende Aussagen richtig oder falsch sind. Kreuze an.

	richtig	falsch
Der Bundeskanzler wird bei den Bundestagswahlen direkt vom Volk gewählt.		
Vor den Bundestagswahlen benennen die einzelnen Parteien ihre Kanzlerkandidaten.		
Der Kanzlerkandidat wird vom Bundespräsidenten gewählt.		
Der Bundestag wählt den Bundeskanzler.		
Der Bundeskanzler muss mit mehr als der Hälfte der möglichen Stimmen des Bundestages gewählt werden.		

Der Bundespräsident

Der **Bundespräsident** ist das Staatsoberhaupt Deutschlands.
Er vertritt Deutschland im In- und Ausland.
Der Bundespräsident wird für fünf Jahre von der Bundesversammlung gewählt.
Die **Bundesversammlung** besteht zu gleichen Teilen aus Politikern des Bundestages und ausgewählten **Bürgern**.
Der Bundespräsident hat mehrere Aufgaben:
Er vertritt zum Beispiel Deutschland im Ausland. Auch muss er jedes Gesetz unterschreiben, damit es gültig wird. Nach den Bundestagswahlen schlägt er vor, wer durch den Bundestag als Bundeskanzler gewählt werden kann.
Nach der Wahl ernennt er den Bundeskanzler und die Minister.
Erst dann dürfen sie mit ihrer Arbeit beginnen.
Der Bundespräsident ist das Staatsoberhaupt von Deutschland. Der Bundeskanzler hat jedoch mehr Einfluss auf die Politik. Seit März 2012 ist Joachim Gauck Bundespräsident.

Der Bundespräsident

1 Lies den Text und streiche die falschen Sätze durch.

Der Bundespräsident vertritt Deutschland im In- und Ausland.
Er wird für fünf Jahre vom Bundestag gewählt.
Der Bundespräsident hat mehrere Aufgaben: Er vertritt zum Beispiel Deutschland bei den Regierungen der einzelnen Bundesländer.
Auch muss er jedes Gesetz unterschreiben, damit es gültig wird.
Nach den Bundestagswahlen schlägt er vor, wer als Bundestagspräsident gewählt werden kann.
Nach der Wahl ernennt er den Bundeskanzler und die Minister.
Erst dann dürfen sie mit ihrer Arbeit beginnen.
Der Bundespräsident ist das Staatsoberhaupt von Deutschland.
Der Bundeskanzler hat jedoch mehr Einfluss auf die Politik.
Seit März 2012 heißt der Bundespräsident Horst Köhler.

2 Beantworte die Fragen.

Wer wählt den Bundespräsidenten?

____

____

Wie heißt der aktuelle Bundespräsident?

____

Der Bundespräsident

1 Lies den Text und streiche die falschen Sätze durch. Schreibe den Text richtig auf.

Der Bundespräsident ist das Staatsoberhaupt eines Bundeslandes.
Er wird für fünf Jahre vom Bundestag gewählt.
Der Bundespräsident hat mehrere Aufgaben: Er vertritt zum Beispiel Deutschland im Ausland. Auch muss er jedes Gesetz unterschreiben, damit es gültig wird.
Nach den Landtagswahlen schlägt er vor, wer als Bundeskanzler gewählt werden kann.
Seit März 2012 ist Joachim Gauck Bundespräsident.

Der Bundestagspräsident

Der Bundestagspräsident ist der Präsident des Bundestages.
Auch er wird – wie der Bundeskanzler – vom Bundestag gewählt.
In der Regel stellt die Partei mit den meisten Stimmen den Bundestagspräsidenten. Dies ist zwar nicht festgelegt, aber hat sich so eingebürgert.
Hier einige Aufgaben des Bundestagspräsidenten: Er leitet die Bundestagssitzungen, vertritt den Bundestag und nimmt alle Gesetzesentwürfe und -vorlagen entgegen.

1 Verbinde.

Der Bundestagspräsident …

- … leitet die Bundestagssitzungen.
- … vertritt Deutschland in anderen Ländern.
- … ist wichtiger als der Bundespräsident.
- … vertritt den Bundestag.
- … wird vom Bundestag gewählt.
- … arbeitet für einzelne Bundesländer.
- … gehört meistens zur stärksten Partei.
- … nimmt Gesetzesentwürfe und -vorlagen des Bundestages entgegen.

Die Bundesrepublik Deutschland: Ein Land in Europa

Deutschland und seine Nachbarländer

Deutschland ist ein Land in der Mitte von Europa. Es ist das Land mit den meisten Einwohnern in **Europa**. Von Norden nach Süden ist es ungefähr 900 Kilometer lang. Von Westen nach Osten ist es an der breitesten Stelle ungefähr 600 Kilometer breit.

Deutschland hat neun Nachbarländer. Im Norden ist Dänemark. Im Osten sind Tschechien und Polen. Im Süden sind die Schweiz und Österreich. Im Westen sind die Niederlande, Belgien, Luxemburg und Frankreich.
Deutschland liegt an zwei Meeren, der Nordsee und der Ostsee.

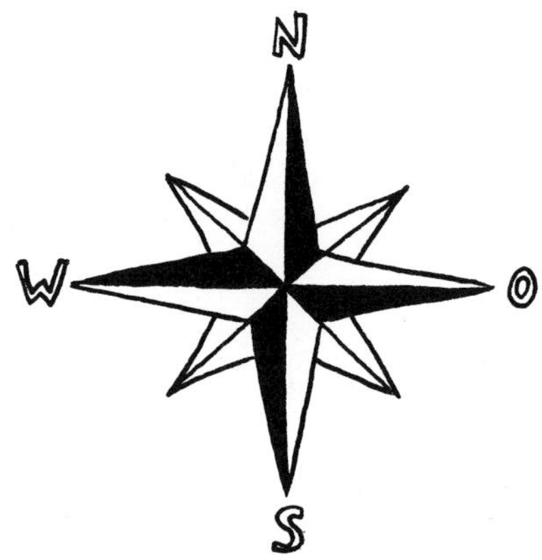

In Deutschland leben ungefähr 82 Millionen Menschen. Die Hauptstadt von Deutschland ist Berlin. Die offizielle Sprache in Deutschland ist Deutsch.

Steckbrief von Deutschland

1 Rufe im Internet die Seite de.wikipedia.org auf. Trage in das Suchfeld „Deutschland“ ein. Erstelle danach den Steckbrief.

Flagge (Male aus.)

Hauptstadt: ______________________

Einwohnerzahl: ______________________

Regierende Parteien: ______________________

Name der Bundeskanzlerin oder des Bundeskanzlers:

____

Wichtige Städte: ______________________

____

Nachbarländer: ______________________

____

Offizielle Sprachen: ______________________

Aus wie vielen Bundesländern besteht Deutschland? ______________________

Städte in Deutschland

1 Finde und umkreise zehn große Städte Deutschlands.

E	V	O	A	I	I	S	U	N	G	M	X
A	G	C	N	Z	H	P	J	T	N	L	X
H	A	N	N	O	V	E	R	T	E	K	K
N	V	R	E	K	C	Q	R	A	H	L	C
I	I	K	K	S	I	A	Y	Y	C	E	O
L	K	Ö	J	D	G	E	H	D	N	I	T
R	E	L	B	T	Q	M	L	Y	Ü	P	S
E	O	N	T	Z	N	C	T	Q	M	Z	O
B	Y	U	N	E	D	S	E	R	D	I	R
X	T	D	L	B	I	C	D	L	X	G	H
S	W	N	B	Y	A	Z	I	N	H	K	J
G	R	U	B	M	A	H	O	C	O	Q	X

Berlin – Dresden – Hamburg – Hannover – Kiel – Köln – Leipzig – München – Rostock – Stuttgart

Städte in Deutschland

1 Finde und umkreise fünf große Städte Deutschlands.

B	E	R	L	I	N	Ö	N	X
Ö	S	W	N	G	H	E	N	Q
O	N	D	R	E	S	D	E	N
D	O	S	D	U	N	B	R	U
K	Ö	L	N	F	X	Ü	N	T
E	T	P	N	R	S	Ü	I	Ö
F	H	A	M	B	U	R	G	S
P	Y	Q	N	T	U	Z	F	O
I	M	Ü	N	C	H	E	N	Ü

Berlin – München – Dresden – Köln – Hamburg

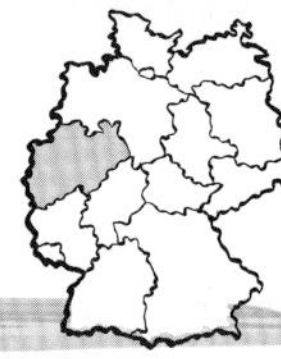

Die Landtagswahl

Deutschland besteht aus **16 Bundesländern**. Alle 16 Bundesländer zusammen bilden die „Bundesrepublik Deutschland". Es gibt große und kleine Bundesländer. Manche Bundesländer bestehen nur aus einer einzigen Stadt, zum Beispiel Hamburg, Bremen oder Berlin.

Jedes Bundesland hat eine eigene Regierung. Sie wird alle 4–5 Jahre gewählt. Diese Wahlen heißen **Landtagswahlen**. Nur in Bremen und Hamburg heißen diese Wahlen **Bürgerschaftswahlen** und in Berlin **Wahlen zum Abgeordnetenhaus**. Die Landesregierungen der Bundesländer sind vor allem für diese Bereiche zuständig:

- Kindergärten und Schulen
- Polizei
- Rundfunk und Fernsehen

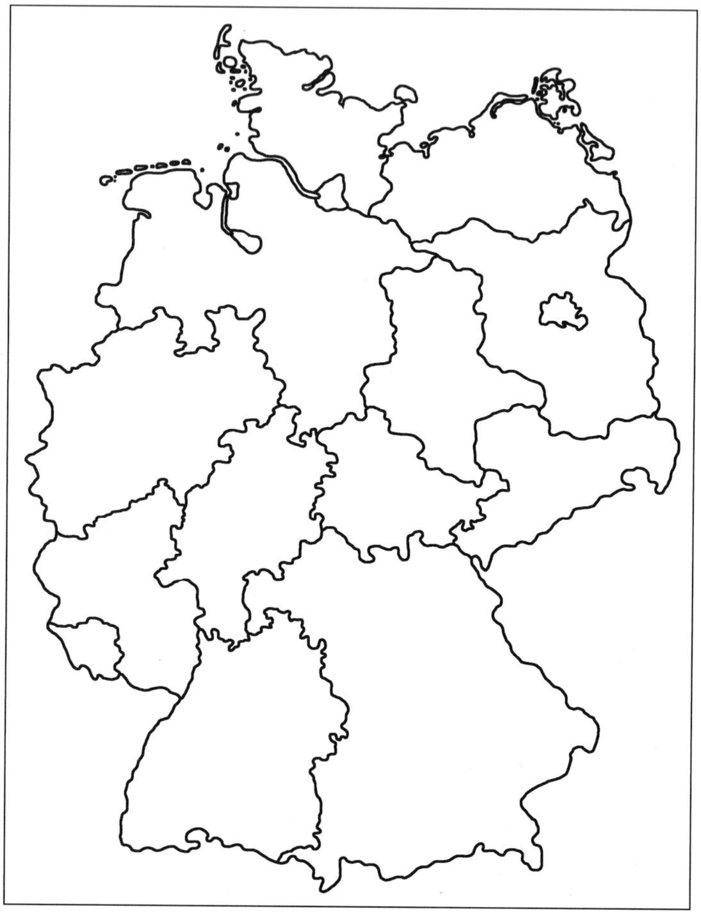

Die Bundesrepublik Deutschland

Die Regierung besteht aus verschiedenen Politikern.
Der „Chef" der Regierung heißt Ministerpräsident. In Bremen, Hamburg und Berlin heißt der Chef Bürgermeister. Der Ministerpräsident oder Bürgermeister bestimmt die einzelnen Minister. In Berlin, Bremen und Hamburg heißen die Minister Senatoren. Jeder Minister oder Senator ist für einen bestimmten Bereich verantwortlich, zum Beispiel Gesundheit oder Schule.

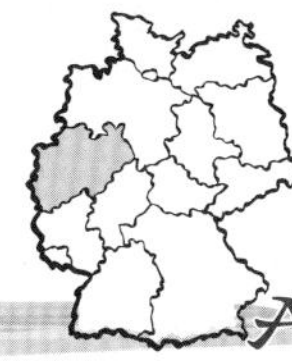

Die Landtagswahl

A/B

1 Beantworte die Fragen.

Aus wie vielen Bundesländern besteht Deutschland?

Bei welchen Wahlen wird die Regierung eines Bundeslandes gewählt?

Wie heißen die Wahlen zur Regierung in Hamburg und Bremen?

Wie heißt die „Chefin“ oder der „Chef“ der Regierung deines Bundeslandes?

Die Landtagswahl: Wer darf wählen? Wer wird gewählt?

Bei den **Landtagswahlen** wählen die Menschen, die in einem **Bundesland** wohnen, die Politiker für ihr Bundesland. Die Berliner wählen die Berliner Politiker. Die Bayern wählen die bayerischen Politiker.

Um bei dieser Wahl mitmachen zu dürfen, muss man mindestens 18 Jahre alt sein und die deutsche **Staatsbürgerschaft** haben.

Die Parteien mit den meisten Stimmen bilden zusammen die Landesregierung. Meistens besteht die Landesregierung aus zwei Parteien, die zusammenarbeiten. Die Parteien, die nicht in die Regierung gewählt wurden, bilden die Opposition.
Die Regierung und die Opposition arbeiten vor allem in der Hauptstadt des Bundeslandes. Dort treffen sie sich regelmäßig und beraten über Gesetze für das Bundesland.

1 **Finde heraus, in welchem Bundesland die nächste Landtagswahl stattfindet. Suche dazu auf dieser Internetseite:**
www.wahlrecht.de/termine.htm

Lösung: ______________________________

Die Landtagswahl: Wer darf wählen? Wer wird gewählt?

A/B

1 Überlege, ob folgende Aussagen richtig oder falsch sind. Kreuze an.

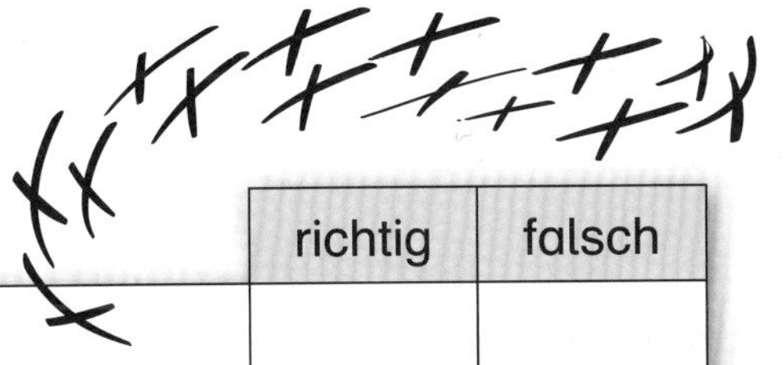

	richtig	falsch
An den Landtagswahlen darf man nur teilnehmen, wenn man mindestens 18 Jahre alt ist.		
Die Politiker, die bei den Landtagswahlen gewählt werden, arbeiten alle in Berlin.		
Die gewählten Parteien mit den meisten Stimmen bilden zusammen die Opposition.		
Die Parteien, die nicht in die Regierung gewählt wurden, bilden die Opposition.		
Die Landesregierungen machen Gesetze, die nur für ein Bundesland gelten.		

Der Bundesrat: Die Mitwirkung der Länder auf Bundesebene

Im **Bundesrat** treffen sich Vertreter der einzelnen Landesregierungen in Berlin. Über den Bundesrat können die Länder an der Gesetzgebung und Verwaltung des Bundes mitwirken. Auch in Angelegenheiten der Europäischen Union können sie so einbezogen werden.

Der Bundesrat berät unter anderem über bestimmte Gesetze, die von der Bundesregierung gemacht werden. Es gibt Gesetze, für die der Bundestag die Zustimmung des Bundesrates benötigt. Bei anderen Gesetzen kann der Bundesrat einen Einspruch einlegen. Zunächst kann dann versucht werden, sich über einen Vermittlungsausschuss zu einigen. Ist dies nicht möglich, kann der Bundestag den Einspruch auch überstimmen. Dazu muss der Bundestag aber mindestens die gleiche Mehrheit erreichen wie der Bundesrat. Lehnt der Bundesrat ein Gesetz also mit absoluter Mehrheit ab, muss der Bundestag ebenfalls mit absoluter Mehrheit den Einspruch überstimmen. Sonst gilt das Gesetz als abgelehnt.

© Bundesrat 2006

Der Bundesrat: Die Mitwirkung der Länder auf Bundesebene

1 Beantworte die Fragen.

Welche Vertreter sitzen im Bundesrat?

____

Woran können die Länder über den Bundesrat mitwirken?

____

Wo trifft sich der Bundesrat?

____

Worüber berät der Bundesrat?

____

© Bundesrat 2006

Der Bundesrat: Die Mitwirkung der Länder auf Bundesebene

B

1 **Kreuze die richtigen Antworten an.**

Welche Vertreter sitzen im Bundesrat?

- ☐ Vertreter der Bundesregierung
- ☐ der Bundeskanzler und seine Mitarbeiter
- ☐ Vertreter der Landesregierungen

Wo trifft sich der Bundesrat?

- ☐ immer im Wechsel in den Hauptstädten der Bundesländer
- ☐ in Berlin
- ☐ im Büro des Bundespräsidenten

Worüber berät der Bundesrat?

- ☐ über Gesetze der Bundesregierung
- ☐ über Gesetze der Landesregierungen
- ☐ über Gesetze in einzelnen Städten

Die Bundesländer

1 **Beschrifte die Karte mit den Namen der Bundesländer. Nimm einen Atlas zu Hilfe.**

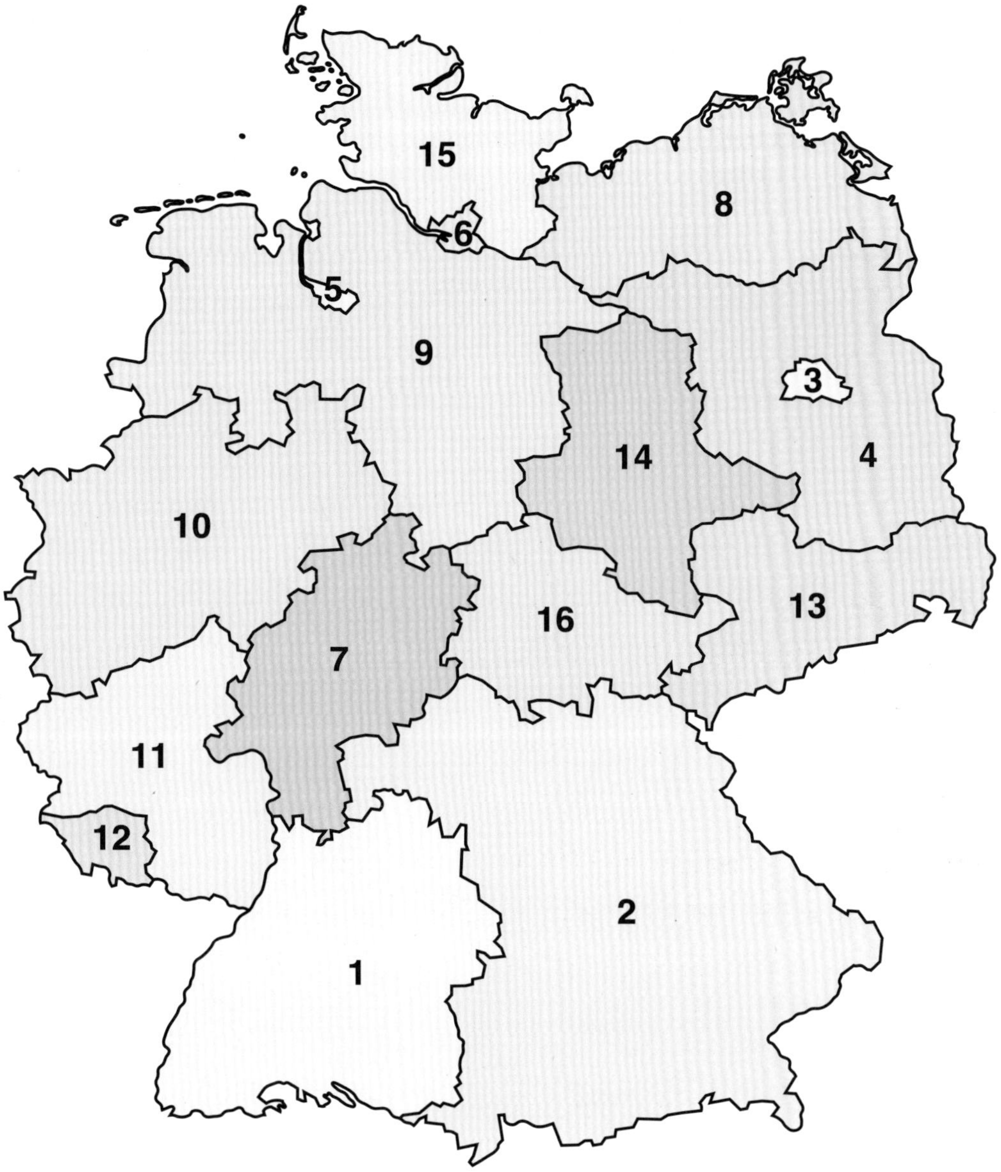

1: ______________________ 2: ______________________

3: ______________________ 4: ______________________

5: ______________________ 6: ______________________

7: ______________________ 8: ______________________

9: ______________________ 10: ______________________

11: ______________________ 12: ______________________

13: ______________________ 14: ______________________

15: ______________________ 16: ______________________

Die Hauptstädte der Bundesländer

1 Trage die Hauptstädte der Bundesländer ein.

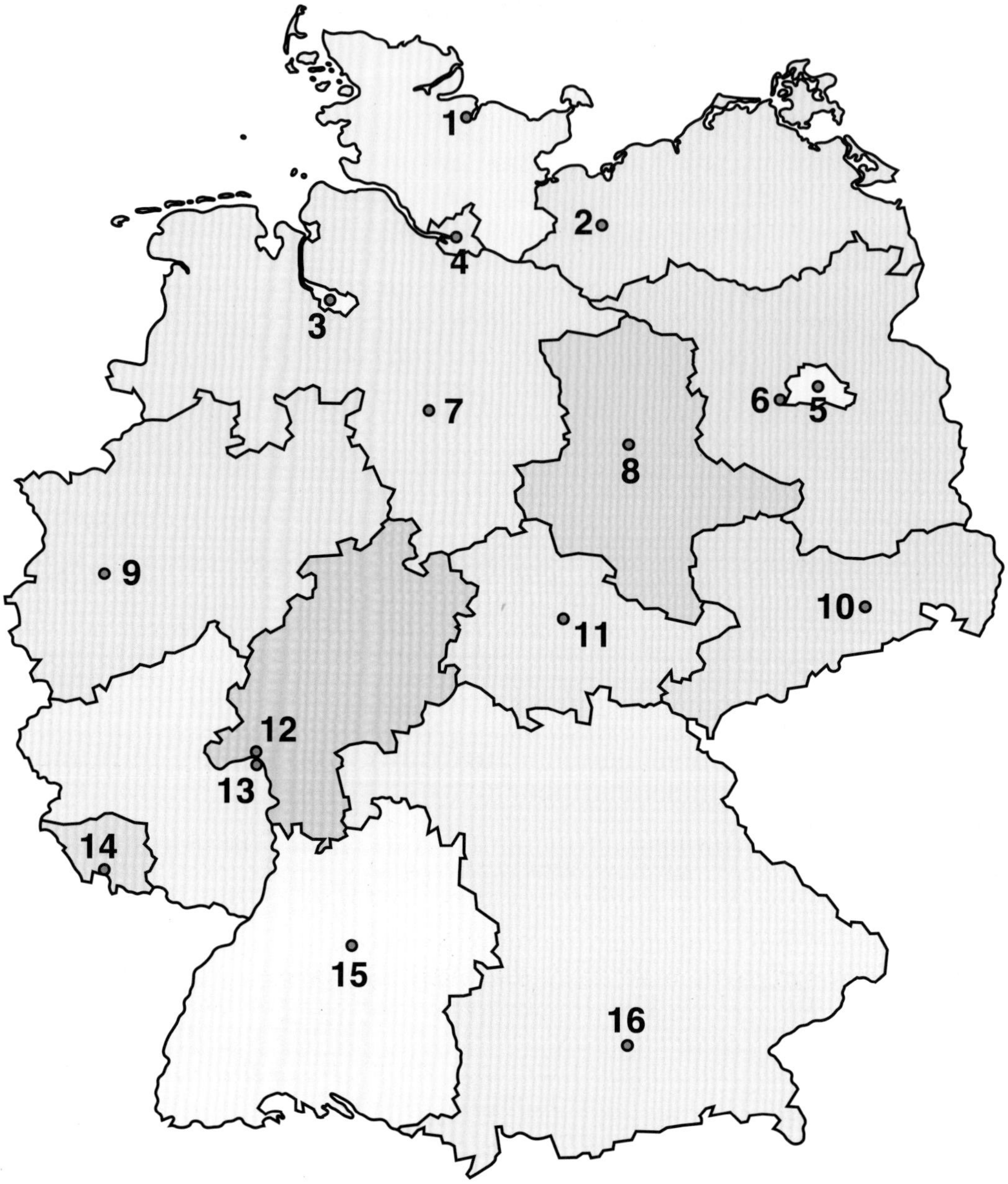

1: ______________________ 2: ______________________

3: ______________________ 4: ______________________

5: ______________________ 6: ______________________

7: ______________________ 8: ______________________

9: ______________________ 10: ______________________

11: ______________________ 12: ______________________

13: ______________________ 14: ______________________

15: ______________________ 16: ______________________

Steckbrief deines Bundeslandes

A/B

1 Rufe im Internet die Seite de.wikipedia.org auf. Trage in das Suchfeld den Namen deines Bundeslandes ein. Erstelle danach den Steckbrief deines Bundeslandes.

Wappen des Bundeslandes

Name des Bundeslandes:

____

Hauptstadt: ________________________

Einwohnerzahl: _____________________

Regierende Parteien: ____

Name des Ministerpräsidenten oder Bürgermeisters:

____

Wichtige Städte oder Stadtteile: ______________________________________

____

Sehenswürdigkeiten: ____

____

____

Die Kommunalwahl

Bei den Kommunalwahlen werden Gemeinderäte, Kreisräte und Bürgermeister gewählt. Es werden also Politiker gewählt, die das Zusammenleben in einer **Gemeinde** regeln sollen. Dazu können sie Gesetze erlassen, die nur für die Gemeinde gelten. Gemeinden sind Orte oder Städte.
Die Kommunalwahl findet alle vier oder alle sechs Jahre statt.

Die wichtigsten Aufgaben der Politiker in der Gemeinde sind:

- Schulen und Kindergärten
- Sportanlagen
- Sicherheit, also Polizei und Feuerwehr
- Straßenbau
- Gesundheit, also Krankenhäuser und Rettungsdienste
- Jugend und Soziales

(Beispiele für Gemeinden in Deutschland)

Es gibt große und kleine Gemeinden. Große Gemeinden sind z. B. Berlin, Hamburg, München, Köln, Leipzig oder Dresden. Kleine Gemeinden sind z. B. Neuss, Neuruppin, Aurich oder Freising.

Die Kommunalwahl: Wer darf wählen?

A/B

Bei den Kommunalwahlen wählen die Bürger die Politiker für ihre Gemeinde. Die Berliner wählen die Berliner Politiker. Die Münchener wählen die Münchener Politiker.

Um bei dieser Wahl mitwählen zu dürfen, muss man 16 oder 18 Jahre alt sein. Das ist in den Bundesländern unterschiedlich. Man muss deutscher Staatsbürger sein oder ein Bürger eines anderen Landes der Europäischen Union.

1 Sieh in der Tabelle nach: Ab wann darfst du an der Kommunalwahl teilnehmen?

Bundesland	Wahlalter
Baden-Württemberg	18
Bayern	18
Berlin	16
Brandenburg	18
Bremen	16
Hamburg	18
Hessen	18
Mecklenburg-Vorpommern	16
Niedersachsen	16
Nordrhein-Westfalen	16
Rheinland-Pfalz	18
Saarland	18
Sachsen	18
Sachsen-Anhalt	16
Schleswig-Holstein	16
Thüringen	18

Mein Bundesland: ______________________________

So alt muss ich sein, um bei der Kommunalwahl wählen zu dürfen:

__________ Jahre

Steckbrief deiner Gemeinde

A/B

1 Erstelle einen Steckbrief von deiner Gemeinde. Suche die Informationen im Internet.

Wappen der Gemeinde

Name der Gemeinde:

____

Bundesland:

____

Einwohnerzahl: ______________________________

Name des Bürgermeisters:

____

Partei des Bürgermeisters: ______________________________

Wichtige Vereine: ______________________________

____

____

Sehenswürdigkeiten: ______________________________

____

____

Wünsche an den Bürgermeister

1 **Viele Bürgermeister bieten Sprechstunden an.**
Dort können die Bürger sagen, was in der Stadt besser sein könnte.
Mach eine Liste mit Verbesserungsvorschlägen für deine Gemeinde.

➤ ______________________________

➤ ______________________________

➤ ______________________________

➤ ______________________________

➤ ______________________________

➤ ______________________________

➤ ______________________________

➤ ______________________________

➤ ______________________________

➤ ______________________________

➤ ______________________________

Die Europawahl

Bei der Europawahl werden die Politiker für das **Europäische Parlament** gewählt. Das Europäische Parlament entscheidet zum Beispiel über Gesetze, die für die **Europäische Union** gelten sollen.

Die Abkürzung für Europäische Union ist **EU**. Die EU ist ein Zusammenschluss von mehreren Ländern. Die Länder, die zur EU gehören, wollen eng zusammenarbeiten. Sie setzen sich gemeinsam für die Menschen in Europa ein.

Zurzeit gehören 27 Länder zur Europäischen Union: Belgien, Bulgarien, Dänemark, Deutschland, Estland, Finnland, Frankreich, Griechenland, Irland, Italien, Lettland, Litauen, Luxemburg, Malta, die Niederlande, Österreich, Polen, Portugal, Rumänien, Schweden, Slowakei, Slowenien, Spanien, Tschechien, Ungarn, das Vereinigte Königreich (Großbritannien) und Zypern.

Um bei der Europawahl wählen zu dürfen, muss man mindestens 18 Jahre alt sein. In jedem Land werden Politiker als Vertreter des eigenen Landes gewählt. In Deutschland werden also deutsche Politiker gewählt, in Spanien werden spanische Politiker gewählt. Die gewählten Politiker aus allen Ländern arbeiten dann zusammen im Europäischen Parlament. Dazu treffen sie sich regelmäßig in drei Städten: in Straßburg (Frankreich), Brüssel (Belgien) und Luxemburg. Da die Politiker aus verschiedenen Ländern kommen, gibt es bei den Treffen viele Übersetzer. So kann jeder Politiker in seiner eigenen Sprache sprechen.

Das Europäische Parlament macht vor allem für diese Bereiche Gesetze:

- Gleichbehandlung aller Menschen in Europa
- Bildung und Arbeit
- Wirtschaft
- Gesundheit
- Verbraucherschutz
- Forschung

Das Europäische Parlament entscheidet auch, wie das Geld der Europäischen Union ausgegeben wird.

Die Europawahl

1 Die folgenden Sätze sind alle falsch. Korrigiere sie.

Die Europäische Union ist ein Zusammenschluss von drei Ländern.

Bei der Europawahl werden die Politiker für das französische Parlament gewählt.

Um bei der Europawahl wählen zu dürfen, muss man mindestens 16 Jahre alt sein.

Die Politiker des Europäischen Parlaments treffen sich regelmäßig in drei Städten: in Berlin, London und Paris.

Die Mitglieder der Europäischen Union

1 **Finde und markiere die Länder der EU mit einer gemeinsamen Farbe. Nimm einen Atlas zu Hilfe.**

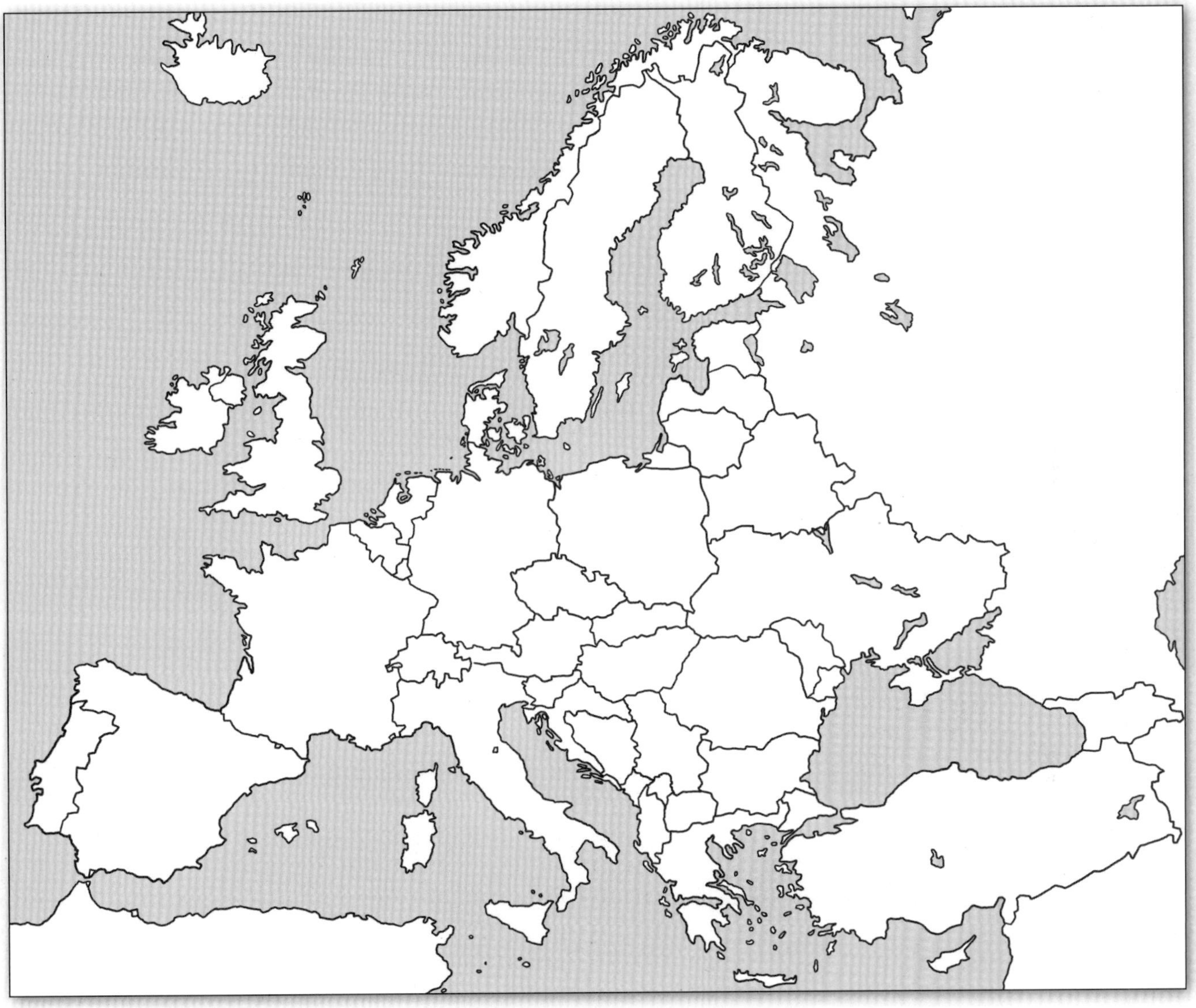

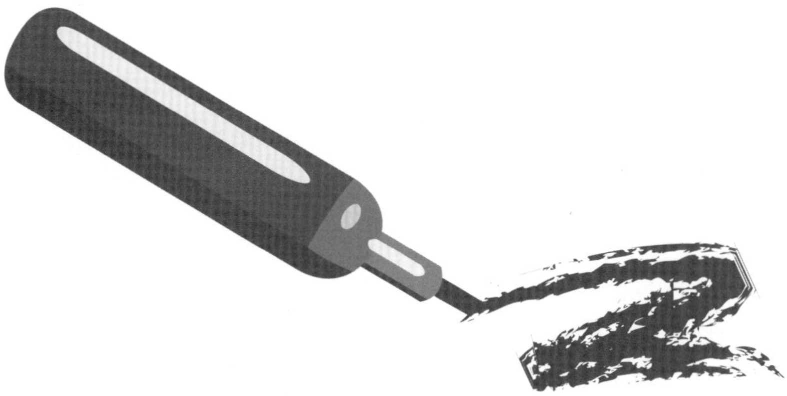

Die Europäische Union

A

1 **Trage die richtigen Wörter in die Lücken ein.**

Die Europäische Union

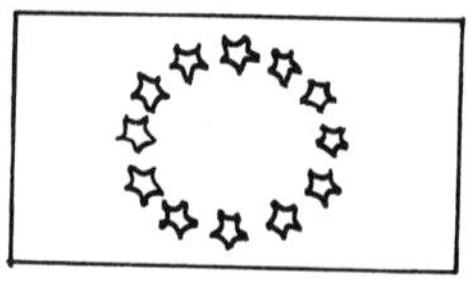

Die Abkürzung für Europäische Union ist ______.

Zur Europäischen Union gehören mehrere ______________________. Die Länder, die zur Europäischen Union gehören, wollen eng zusammenarbeiten. Sie setzen sich gemeinsam für die Menschen in ______________________ ein.

Zurzeit gehören zur Europäischen Union ______ Länder. Bei der ______________________ werden die ______________________ für das Europäische Parlament gewählt. Das Europäische Parlament entscheidet über ______________________, die für die Europäische Union gelten sollen. Das Europäische Parlament entscheidet auch, wie das ______________________ der Europäischen Union ausgegeben wird.

1 **Trage in die Lücken die richtigen Wörter ein.**

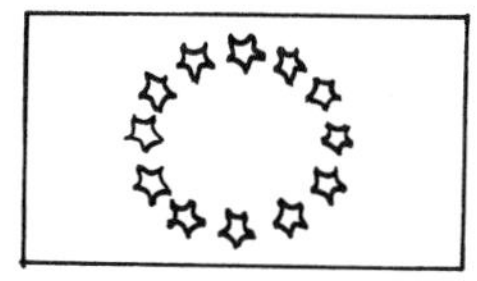

Die Europäische Union

Die Abkürzung für Europäische Union ist ______.

Zur Europäischen Union gehören mehrere ______________________. Die Länder, die zur Europäischen Union gehören, wollen eng zusammenarbeiten. Sie setzen sich gemeinsam für die Menschen in ______________________ ein.

Zurzeit gehören zur Europäischen Union ______ Länder.

Bei der ______________________ werden die ______________________ für das Europäische Parlament gewählt. Das Europäische Parlament entscheidet über ______________________, die für die Europäische Union gelten sollen. Das Europäische Parlament entscheidet auch, wie das ______________________ der Europäischen Union ausgegeben wird.

Geld – Europa – EU – Länder – 27 –
Europawahl – Gesetze – Politiker

Partei

Die fünf größten Parteien

Die meisten Politiker sind Mitglied in einer **Partei**.

Die Politiker einer Partei haben ähnliche politische Ansichten.

Alle Parteien wollen die Menschen davon überzeugen, dass sie das Land im Interesse der Wähler regieren. Deswegen möchten sie, dass die Menschen sie bei einer **Wahl** wählen. Jede **Partei** hat ein **Parteiprogramm**. Darin steht, was die Partei tun möchte, wenn die Menschen sie wählen. Das nennt man **Wahlversprechen**. Nach der Wahl zeigt sich dann oft, dass die Parteien ihre Versprechen nicht vollkommen einhalten können.

In Deutschland gibt es sehr viele Parteien. Die fünf größten Parteien sind am bekanntesten. Sie haben viele Mitglieder und werden oft gewählt. Es gibt auch noch jede Menge kleinerer Parteien. Manche Parteien gibt es sogar nur in einem Ort.

Die fünf großen Parteien sind:

CDU

CSU

SPD

FDP
Die Liberalen

BÜNDNIS 90
DIE GRÜNEN

DIE LINKE.

CDU bedeutet **Christlich Demokratische Union**. Für die CDU sind Freiheit, Gerechtigkeit und das christliche Menschenbild wichtig. Die CDU gilt als eher **konservativ**. Konservativ meint: traditionell.

In Bayern gibt es die CDU nicht. Dafür tritt dort die CSU an, die ähnliche Ziele hat. CSU steht für **Christlich-Soziale Union**. Weil die CSU außerhalb von Bayern immer mit der CDU zusammenarbeitet, nennt man die beiden Parteien Schwesterparteien. Diese Zusammenarbeit nennt man **Fraktionsgemeinschaft**.

SPD heißt **Sozialdemokratische Partei Deutschlands**. Sie ist die älteste Partei Deutschlands. Früher galt sie als Arbeiterpartei, heute sieht sie sich eher als Volkspartei, also als Partei für alle Menschen. Ihr Leitspruch lautet „Freiheit, Gerechtigkeit und **Solidarität**“.
Solidarität meint: Zusammengehörigkeit, Kameradschaft, Verbundenheit.

FDP

Die Liberalen

FDP heiβt **Freie Demokratische Partei**.
Die FDP möchte zum Beispiel in der Wirtschaft eine stärkere Zurückhaltung des Staates.
Sie bezeichnet sich als **liberal**.
Liberal meint: tolerant, freiheitsliebend, vorurteilsfrei.

BÜNDNIS 90
DIE GRÜNEN

Für **Bündnis 90/Die Grünen** sind **Ökologie**, Umweltschutz, Frieden und die Gleichberechtigung von Mann und Frau wichtige Themen.

DIE LINKE.

Die Linke gibt es erst seit 2007. Sie ist damit die jüngste der groβen Parteien in Deutschland. Sie möchte **Gleichheit** in allen Bereichen. So soll auch der Reichtum gleicher verteilt sein und nicht einige ganz reich und andere ganz arm sein.

Die fünf größten Parteien

1 Recherchiere im Internet oder im kleinen Politik-Lexikon. Ordne die passenden Aussagen diesen Begriffen zu:
konservativ – Solidarität – liberal – Ökologie – Gleichheit

„In einem Staat ist es außerordentlich wichtig, dass die Menschen sich gegenseitig helfen und füreinander eintreten." = ____________________

„Man sollte alte Dinge erst dann durch neue ersetzen, wenn sich gezeigt hat, dass die neuen Dinge wirklich besser sind. Traditionen sind wichtig." = ____________________

„Ohne eine gesunde Umwelt kann der Mensch nicht überleben. Menschen, Tiere und Pflanzen gehören zusammen." = ____________________

„Freiheit ist wichtig. Für die Wirtschaft ist es wichtig, dass der Staat sich nicht überall einmischt." = ____________________

„Reiche Menschen werden immer reicher. Arme Menschen werden immer ärmer." = ____________________

Die fünf größten Parteien

1 Welche Partei könnte welchen Satz gesagt haben? Schreibe unter jeden Satz den Namen der Partei.

„Atomkraft ist nicht sicher!"

___

„Politik beruht auf dem christlichen Verständnis vom Menschen und seiner Verantwortung vor Gott."

___

„Es muss mehr Gleichheit geben. Reichtum für alle."

___

„Die Solidarität der Menschen untereinander ist wichtig für das Zusammenleben in einem Staat."

___

„Der Staat darf nicht in alle Bereiche des menschlichen Lebens eingreifen!"

___

Die fünf größten Parteien

1 Schreibe unter jeden Satz die Partei, zu der er gehören könnte.

„Umweltschutz ist sehr wichtig."

____

„Christliche Werte sind sehr wichtig."

____

„Der Staat soll den Menschen weniger vorschreiben."

____

„Die Menschen müssen mehr füreinander eintreten. Sie müssen solidarisch sein."

____

„Es muss mehr Gleichheit geben. Reichtum für alle."

____

Wahlkampf

Wahlkampf ist Werbung für bestimmte Parteien oder Politiker.
Die einzelnen Parteien und Politiker sagen den Menschen in der Zeit vor einer Wahl, was sie tun wollen, wenn sie gewählt werden.
Sie möchten die Wähler davon überzeugen, dass sie die Interessen der Wähler am besten vertreten.
Dafür machen sie Werbung. Die Werbung findet man auf Plakaten, in Zeitungen, im Radio und im Internet. Besonders oft wird Wahlkampf im Fernsehen gemacht.
Dort senden die Parteien vor Wahlen kleine Filme. Viele Politiker treten außerdem in Fernsehsendungen auf. Manchmal reden die Politiker auch direkt zu ihren Wählern, zum Beispiel auf Marktplätzen in Städten. Im Wahlkampf zeigen die Politiker der verschiedenen Parteien auch, dass sie nicht die gleiche Meinung haben. Jeder Politiker möchte, dass man ihn wählt.

Wahlkampf ist also Werbung für eine bestimmte Partei oder einen bestimmten Politiker. Sie wollen die Menschen überzeugen: Dieser Politiker oder diese Partei steht für das, was ich möchte. Deswegen wähle ich sie oder ihn.
Wahlkampf findet vor jeder Wahl statt, also vor Kommunalwahlen, Landtagswahlen, Bundestagswahlen und Europawahlen.

Wahlkampf

Hier findest du einige Beispiele von Wahlplakaten.

Wahlkampf

1 **Schau dir die Wahlplakate genau an.
Versuche zu erklären, womit die Parteien die Wähler überzeugen möchten.**

SPD

____

____

CDU

____

____

Bündnis 90/Die Grünen

____

____

FDP

____

____

Die Linke

____

____

Wahlkampf

1 **Schau dir die Wahlplakate genau an.**
Versuche danach, die Sätze den Parteien zuzuordnen.

„Das Wichtigste sind sichere Arbeitsplätze!“

Partei: ______________________

„Wir sind stark und wissen, was zu tun ist!“

Partei: ______________________

„Umweltschutz bringt etwas!“

Partei: ______________________

„Wir wollen bessere Bildung!“

Partei: ______________________

„Wir wollen gleiche Löhne für gleiche Arbeit!“

Partei: ______________________

1 Einmal Bürgermeister sein

Stell dir vor, du möchtest Bürgermeister deiner Stadt werden.
Was würdest du den Menschen in deiner Stadt erzählen, damit sie dich wählen? Wofür würdest du als Bürgermeister mehr Geld ausgeben? Was sollte in deiner Stadt alles besser werden? Schreibe einen kurzen Wahlkampftext. Du darfst ruhig ein wenig übertreiben!

Wahlkampf

1 Einmal Bürgermeister sein

Stell dir vor, du möchtest Bürgermeister werden.
Was soll in deiner Stadt alles besser werden?
Schreibe auf, was du deinen Wählern sagen würdest!

Die Arbeit von Politikern

Die Politiker, die bei einer Wahl gewählt wurden, treffen sich regelmäßig. Zu den Treffen kommen alle gewählten Politiker, also die Politiker von den Parteien mit den meisten Stimmen – der Regierung – und die von den Parteien mit weniger Stimmen – also der Opposition. Zusammen überlegen sie, ob neue **Gesetze** gemacht oder ob alte Gesetze geändert werden sollen. Darüber sprechen die Politiker sehr lange miteinander.
Damit die unterschiedlichen Meinungen auch gehört werden können, führt man **Debatten**. Das sind Streitgespräche, bei denen ein Leiter die Reihenfolge der Redner festlegt. Die Redner können dann nacheinander ihre Für- oder Gegen-Argumente vortragen. Am Schluss wird dann abgestimmt, ob ein neues Gesetz gemacht werden soll oder nicht oder ob ein altes Gesetz geändert werden soll oder nicht.

Die Arbeit von Politikern

1 Führt wie die Politiker eine Debatte.

- Bestimmt einen Schüler als Leiter für die Debatte. Er legt die Reihenfolge der Redner fest und achtet darauf, dass jeder Redner zu Wort kommt.
- Teilt euch in zwei Gruppen auf. Überlegt euch ein Thema, zum Beispiel „Ein neues Schwimmbad für unsere Stadt". Eine Gruppe ist *dafür*, eine Gruppe ist *dagegen*. Schreibt eure Argumente auf, zum Beispiel:

  „Wir sind *für* ein neues Schwimmbad, weil ..."
  oder
  „Wir sind *gegen* ein neues Schwimmbad, weil ..."

2 Überlegt gut, warum ihr *dafür* oder *dagegen* seid.

Wenn ihr *für* etwas seid, überlegt, was zur Erfüllung eurer Wünsche alles nötig wäre. Wie viel Geld bräuchtet ihr? Woher käme das Geld? Würde es neue Arbeitsplätze schaffen? Braucht euer Wunsch besonders viel Platz? ...

Wenn ihr *gegen* etwas seid, überlegt warum. Wäre das Vorhaben zu teuer? Wäre es gefährlich für manche Menschen? Würde es die Umwelt verschmutzen? ...

Tragt eure Überlegungen nacheinander vor. Sprecht dann miteinander darüber und versucht, eine Lösung zu finden, mit der möglichst viele zufrieden sind. Am Schluss könnt ihr abstimmen und sehen, ob die Lösung überzeugt.

So wird gewählt: Die Wahlbenachrichtigung

Einige Wochen vor der Wahl bekommst du einen Brief. Den Brief bekommst du aber nur,

- wenn du alt genug bist, um wählen zu dürfen, und
- wenn du deutsche Staatsbürgerin oder deutscher Staatsbürger bist.

Nur die Einladung zur Kommunalwahl kannst du auch erhalten, wenn du keine deutsche Staatsbürgerschaft hast. Du musst dafür aber aus einem Land kommen, das zur EU gehört. Außerdem musst du in dem Ort, in dem du wählen möchtest, schon länger leben.

In dem Brief befindet sich die **Wahlbenachrichtigung**. Die Wahlbenachrichtigungen sehen in jeder Stadt und in jedem Bundesland ein bisschen anders aus. Auf jeder Wahlbenachrichtigung steht aber, zu welcher Wahl eingeladen wird und wann diese stattfindet. Wahlen finden immer an Sonntagen statt. Auf der Wahlbenachrichtigung steht auch, wohin du am Wahltag gehen musst. Gewählt wird oft in Schulen in der Nähe.

Amtliche Wahlbenachrichtigung
für die Wahl zum Deutschen Bundestag

Wahltag: Sonntag, der 18.09.2005
Wahlzeit: 8.00 Uhr bis 18.00 Uhr

Sehr geehrte Bürgerin, sehr geehrter Bürger,
Sie sind in das Wählerverzeichnis eingetragen und können im unten angegebenen Wahlraum wählen. **Bringen Sie bitte diese Benachrichtigung zur Wahl mit und halten Sie Ihren Personalausweis oder Reisepass bereit.**
Wenn Sie in einem anderen Wahlraum Ihres Wahlkreises oder durch Briefwahl wählen wollen, benötigen Sie einen **Wahlschein.** Voraussetzung für die Erteilung eines Wahlscheines ist, dass einer der im rückseitigen Wahlscheinantrag genannten Gründe vorliegt. Wahlscheinanträge – die auch mündlich, aber nicht fernmündlich gestellt werden können – werden nur **bis zum 16. September 2005, 18.00 Uhr,** oder bei nachgewiesener plötzlicher Erkrankung auch noch bis zum Wahltag, 15.00 Uhr, entgegengenommen.
Wahlscheine nebst Briefwahlunterlagen werden auf dem Postweg übersandt oder amtlich überbracht. Sie können auch persönlich bei der Gemeinde abgeholt werden. Wer für einen anderen Wahlschein und Briefwahlunterlagen beantragt, muss eine **schriftliche Vollmacht** vorlegen.
Etwaige Unrichtigkeiten in der nebenstehenden Anschrift teilen Sie bitte der Gemeinde mit.

Mit freundlichen Grüßen

Wahlbezirk/Wählerverz.-Nr. 14/351

Absender:
Stadt/Gemeinde/Verw.-Gemeinsch./Wahlamt

Stadt Würzburg/Wahlamt
Rückermainstr.2 97070 Wbg.

Wahlraum:
Riemenschneider-Gymnasium
Saal 33
97070 Würzburg
Rennweger Ring 12

Deutsche Post
Entgelt bezahlt
95448 Bayreuth BZ

0105000014050351

Wenn unzustellbar zurück!
Bei Umzug Anschriftenberichtigungskarte!

Herrn
Christian Muster
Muster-Str. 1

97072 Würzburg

Am Wahltag kannst du von morgens bis abends – meistens bis 18 Uhr – wählen. Du musst in dieser Zeit an den Ort gehen, der auf der Wahlbenachrichtigung steht. Wichtig ist, dass du zwei Sachen mitbringst:

Wahlbenachrichtigung

Amtliche Wahlbenachrichtigung
für die Wahl zum Deutschen Bundestag

Wahltag: Sonntag, der 18.09.2005
Wahlzeit: 8.00 Uhr bis 18.00 Uhr

Deutsche Post
Entgelt bezahlt
95448 Bayreuth BZ

0105000014050351

Sehr geehrte Bürgerin, sehr geehrter Bürger,
Sie sind in das Wählerverzeichnis eingetragen und können im unten angegebenen Wahlraum wählen. **Bringen Sie bitte diese Benachrichtigung zur Wahl mit und halten Sie Ihren Personalausweis oder Reisepass bereit.**
Wenn Sie in einem anderen Wahlraum Ihres Wahlkreises oder durch Briefwahl wählen wollen, benötigen Sie einen **Wahlschein.** Voraussetzung für die Erteilung eines Wahlscheines ist, dass einer der im rückseitigen Wahlscheinantrag genannten Gründe vorliegt. Wahlscheinanträge – die auch mündlich, aber nicht fernmündlich gestellt werden können – werden nur **bis zum 16. September 2005, 18.00 Uhr,** oder bei nachgewiesener plötzlicher Erkrankung auch noch bis zum Wahltag, 15.00 Uhr, entgegengenommen.
Wahlscheine nebst Briefwahlunterlagen werden auf dem Postweg übersandt oder amtlich überbracht. Sie können auch persönlich bei der Gemeinde abgeholt werden. Wer für einen anderen Wahlschein und Briefwahlunterlagen beantragt, muss eine **schriftliche Vollmacht** vorlegen.
Etwaige Unrichtigkeiten in der nebenstehenden Anschrift teilen Sie bitte der Gemeinde mit.

Mit freundlichen Grüßen

Wahlbezirk/Wählerverz.-Nr. 14/351

Absender:
Stadt/Gemeinde/Verw.-Gemeinsch./Wahlamt
Stadt Würzburg/Wahlamt
Rückermainstr.2 97070 Wbg.

Wahlraum:
Riemenschneider-Gymnasium
Saal 33
97070 Würzburg
Rennweger Ring 12

Wenn unzustellbar zurück!
Bei Umzug Anschriftenberichtigungskarte!

Herrn
Christian Muster
Muster-Str. 1

97072 Würzburg

+

Personalausweis

© Bundesdruckerei

Den Ausweis musst du vorzeigen, damit sicher ist, dass wirklich nur du wählst und niemand anderes für dich.

So wird gewählt: Ablauf der Wahl

Im Wahlraum sitzen mehrere Personen an einem Tisch. Das sind die Wahlhelfer. Den Wahlhelfern gibst du deinen Personalausweis und deine Wahlbenachrichtigung. Dann bekommst du einen **Wahlschein** und einen Briefumschlag. Damit gehst du in eine **Wahlkabine**.

In die Kabine gehst du allein! Jeder soll selbst entscheiden, welche Partei oder welchen Politiker er wählen möchte. In der Kabine liegt ein Stift, mit dem du den Wahlschein ausfüllen kannst.

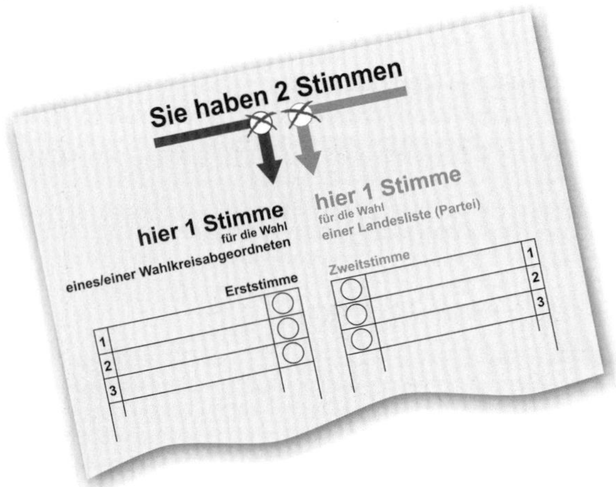

Auf dem Wahlschein machst du ein Kreuz neben der Partei oder neben dem Politiker, die ober den du wählen möchtest.

Danach legst du den Wahlschein in den Briefumschlag.

Nun gehst du wieder zu den Wahlhelfern und wirfst den Umschlag in die **Wahlurne**. Wichtig ist: Wahlen sind geheim! Du musst niemandem sagen, wen du gewählt hast.

So wird gewählt: Ablauf der Wahl

1 Fülle die Lücken im Text.

Wenn ich wahlberechtigt bin, bekomme ich einige Wochen vor der Wahl mit der Post eine ______________________.
Darauf steht, wann und wo die nächste Wahl stattfindet.
Am Wahltag muss ich zwei wichtige Sachen mitnehmen:
die ______________________ und meinen ______________________.
Beide Sachen zeige ich den ______________________.
Dann bekomme ich den Wahlschein und einen Briefumschlag.
Den Wahlschein fülle ich in der ______________________ aus und stecke ihn in den Briefumschlag. Dann werfe ich ihn in die ______________________.
Jetzt ist die Wahl geschafft. Wichtig ist, dass ich niemandem sagen muss, was ich gewählt habe, denn Wahlen sind ______________________.

So wird gewählt: Ablauf der Wahl

B

1 Fülle die Lücken im Text.

Wenn ich wahlberechtigt bin, bekomme ich einige Wochen vor der Wahl mit der Post eine ______________________________.

Darauf steht, wann und wo die nächste Wahl stattfindet.

Am Wahltag muss ich zwei wichtige Sachen mitnehmen:

die ______________________________ und meinen

______________________________.

Beide Sachen zeige ich den ____________________.

Dann bekomme ich den Wahlschein und einen Briefumschlag.

Den Wahlschein fülle ich in der ____________________ aus und stecke ihn in den Briefumschlag. Dann werfe ich ihn in die ____________________.

Jetzt ist die Wahl geschafft. Wichtig ist, dass ich niemandem sagen muss, was ich gewählt habe, denn Wahlen sind

____________________.

Wahlkabine – Personalausweis – Wahlurne – Wahlbenachrichtigung – Wahlhelfern – geheim – Wahlbenachrichtigung

So wird gewählt: Erststimme und Zweitstimme

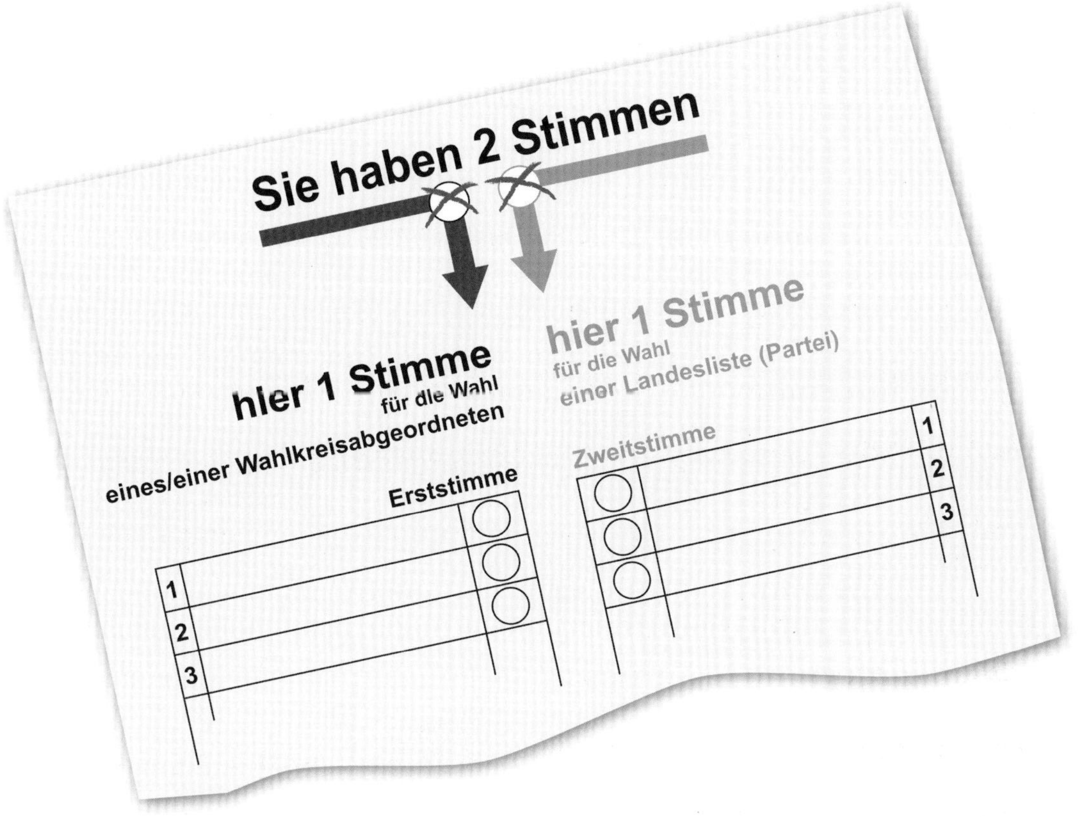

Bei der **Bundestagswahl** und bei manchen **Landtagswahlen** hast du nicht nur eine Stimme, sondern zwei. Auf dem Wahlzettel musst du also zwei Kreuze machen und nicht nur eins.

Mit der **Erststimme** wählst du einen Politiker aus deinem **Wahlkreis** direkt für das **Parlament**. Dieser Politiker kommt also aus deiner Gegend und soll deine Gemeinde im Parlament vertreten.

Die **Zweitstimme** ist die wichtigere. Damit wählst du eine Partei. Je mehr Menschen mit ihrer zweiten Stimme eine Partei wählen, desto mehr Politiker kann diese Partei ins Parlament (je nach Wahl zum Beispiel in den Bundestag oder den Landtag) schicken.

Der Politiker, den du mit der Erststimme wählst, muss nicht der Partei angehören, die du mit der Zweitstimme wählst. Du könntest also zum Beispiel mit der Erststimme Frau Meier von Bündnis 90/Die Grünen wählen und mit der Zweitstimme die CDU.

Wie das mit den Stimmen genau funktioniert, ist auf dieser Grafik dargestellt.

Als Beispiel ist hier die Bundestagswahl abgebildet.

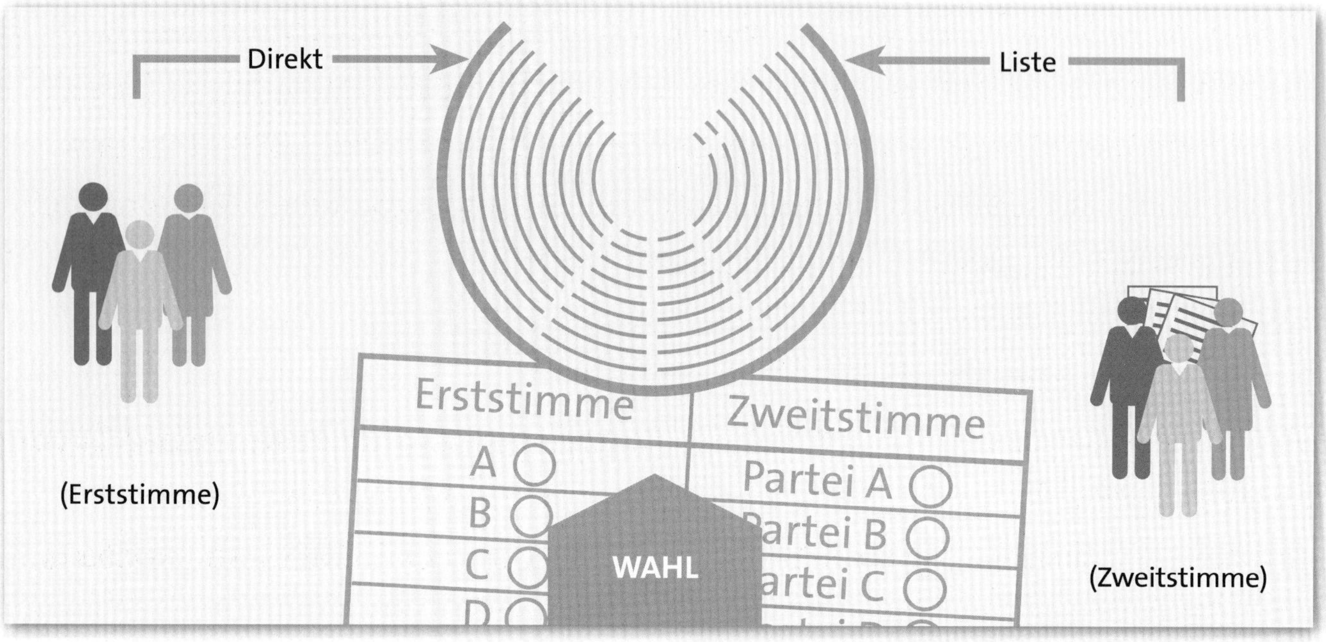

Mit der Erststimme wird also direkt ein Politiker gewählt.
Der Politiker mit den meisten Stimmen gewinnt den Wahlkreis und kann die Partei im Parlament vertreten. Das heißt also, dass dieser Politiker einen Sitz erhält. In diesem Fall (bei der Bundestagswahl) also im Bundestag.

Mit der Zeitstimme wird eine Partei gewählt.
Je nachdem, wie viel Prozent an Stimmen die Parteien erhalten, bekommen sie auch Sitze im Parlament. Bei 30 % der Stimmen erhält eine Partei also auch 30 % der Sitze.
Diese Sitze werden dann nach der Reihenfolge der Landesliste verteilt.
Dort wurden alle ausgewählten Kandidaten vor der Wahl aufgeschrieben.

Im Bundestag gibt es insgesamt 598 Sitze.

Erste Hochrechnungen

Wenn die Wahlen vorbei sind, werden die Stimmen ausgezählt. Das dauert ein paar Stunden. Im Fernsehen und im Internet kann man aber schon vorher erfahren, wer wahrscheinlich die Wahl gewonnen hat.
Hierbei versuchen Wahlforschungsinstitute, aus den schon vorhandenen Auszählungen das Endergebnis hochzurechnen und vorherzusagen. Dies nennt man auch **Hochrechnungen**. Diese Zahlen sind aber noch nicht das Endergebnis, sondern nur ungefähre Zahlen. Das richtige Ergebnis steht erst fest, wenn alle Stimmen ausgezählt sind.

Das Ergebnis steht fest

Die Wahlergebnisse werden meistens grafisch dargestellt. Jede Partei hat dabei eine eigene Farbe. Die SPD wird immer rot dargestellt, die CDU/CSU schwarz, Bündnis 90/Die Grünen grün, die FDP gelb und Die Linke meistens lila (oder auch rot).

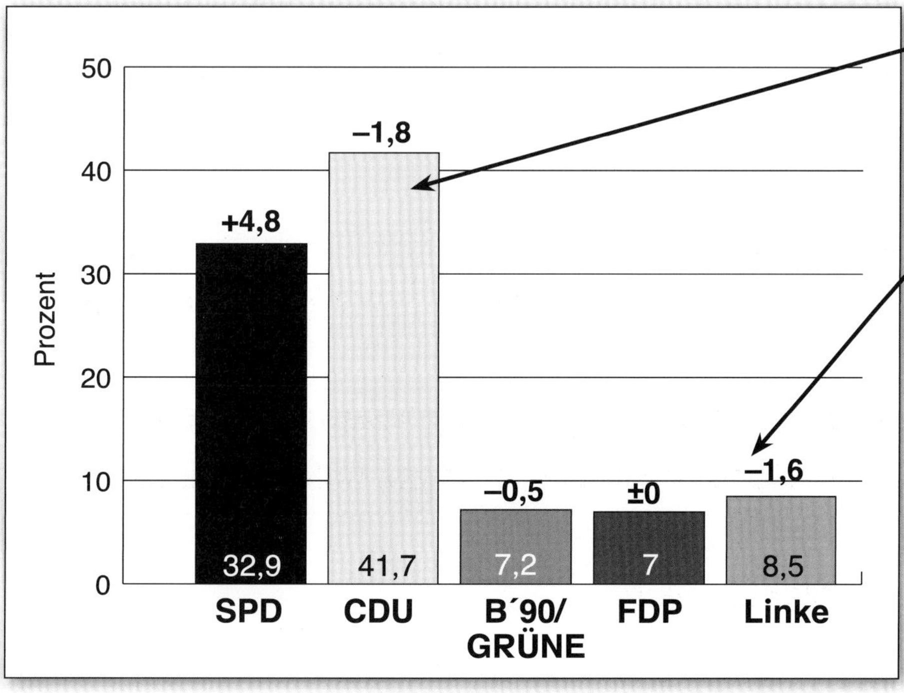

Der längste Balken zeigt an, welche Partei am meisten Stimmen bekommen hat.
Über dem Balken kann man erkennen, ob eine Partei mehr oder weniger Stimmen als bei der letzten Wahl bekommen hat. Ein Minus heißt, dass sie weniger Stimmen bekommen hat. Ein Plus heißt, dass sie mehr Stimmen bekommen hat.

In den Balken kann man erkennen, wie viel Prozent der Stimmen eine Partei bekommen hat. Meistens erhält eine Partei allein nicht genug Stimmen für eine Mehrheit. Dann tut sie sich mit einer anderen Partei zusammen. Diesen Zusammenschluss nennt man **Koalition**. Es haben aber nicht alle Parteien ähnliche Ansichten, um zusammen eine Koalition zu bilden. Meistens arbeitet die CDU/CSU mit der FDP zusammen und die SPD mit Bündnis 90/Die Grünen. Bei dem Beispiel hier sieht das Ergebnis so aus: Die CDU/CSU hat am meisten Stimmen bekommen. Sie hat die Wahl gewonnen. Wenn sich aber die SPD und die Grünen zusammentun würden, hätten sie mehr Stimmen als die CDU/CSU. Deswegen würde die CDU/CSU wahrscheinlich mit der FDP zusammen eine Koalition bilden.

Die Wahlergebnisse werden nicht immer gleich dargestellt. Ab und zu fehlen ein paar Zahlen, z. B. der Vergleich zu den vorherigen Wahlen. Manchmal werden die Ergebnisse auch mit anderen Bildern gezeigt:

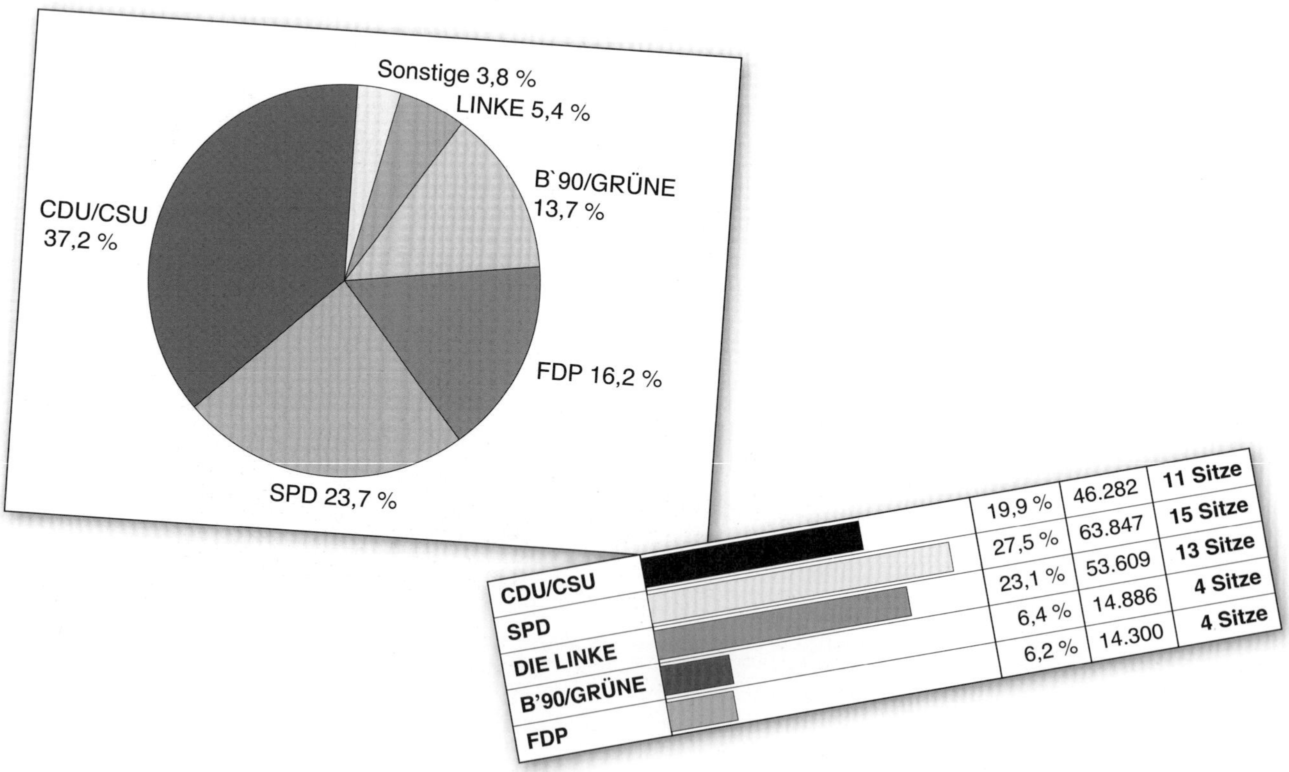

Auch bei diesen Grafiken sieht man, wie viel Prozent eine Partei bekommen hat. Bei dem letzten Bild sieht man aber noch mehr. Neben den Prozentzahlen stehen die Wähler, die insgesamt eine bestimmte Partei gewählt haben. Die CDU/CSU haben zum Beispiel 46 282 Menschen gewählt, das sind 19,9 % von allen Menschen, die gewählt haben.
Die SPD haben 63 847 Menschen gewählt, das sind 27,5 % von allen Menschen, die gewählt haben. Bei diesem Bild kann man auch erkennen, wie viele Politiker für die einzelnen Parteien einen Sitz bekommen.
Für die CDU/CSU wurden also 11 Politiker gewählt, für die SPD 15, für Die Linke 13. Bündnis 90/Die Grünen und die FDP erhalten jeweils vier Sitze.

Je nachdem, um welche Wahl es sich handelt, erhalten die Parteien Sitze für

- den Gemeinderat oder den Stadtrat – bei Kommunalwahlen;
- den Landtag – bei Landtagswahlen;
- den Bundestag – bei Bundestagswahlen;
- das Europaparlament – bei Europawahlen.

© Deutscher Bundestag / Lichtblick / Achim Mende

Nach der Wahl

A

1 **Schau dir dieses Wahlergebnis an und beantworte die Fragen.**

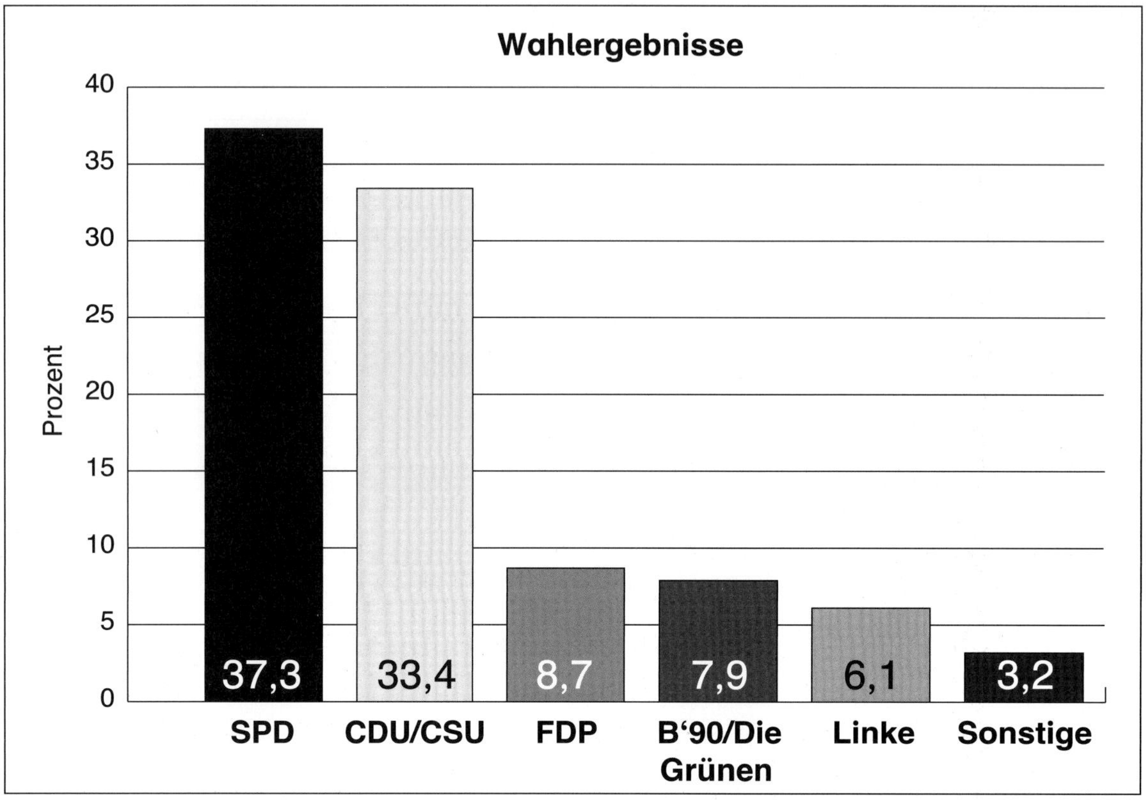

1. Welche Partei hat die meisten Stimmen bekommen?

   ____

2. Welche beiden Parteien könnten zusammen die Regierung bilden?

   ____

3. Wie viel Prozent der Stimmen hätten diese beiden Parteien zusammen?

   ____

4. Was ist wohl mit „Sonstige" gemeint?

   ____

1 **Schau dir dieses Wahlergebnis an und beantworte die Fragen.**

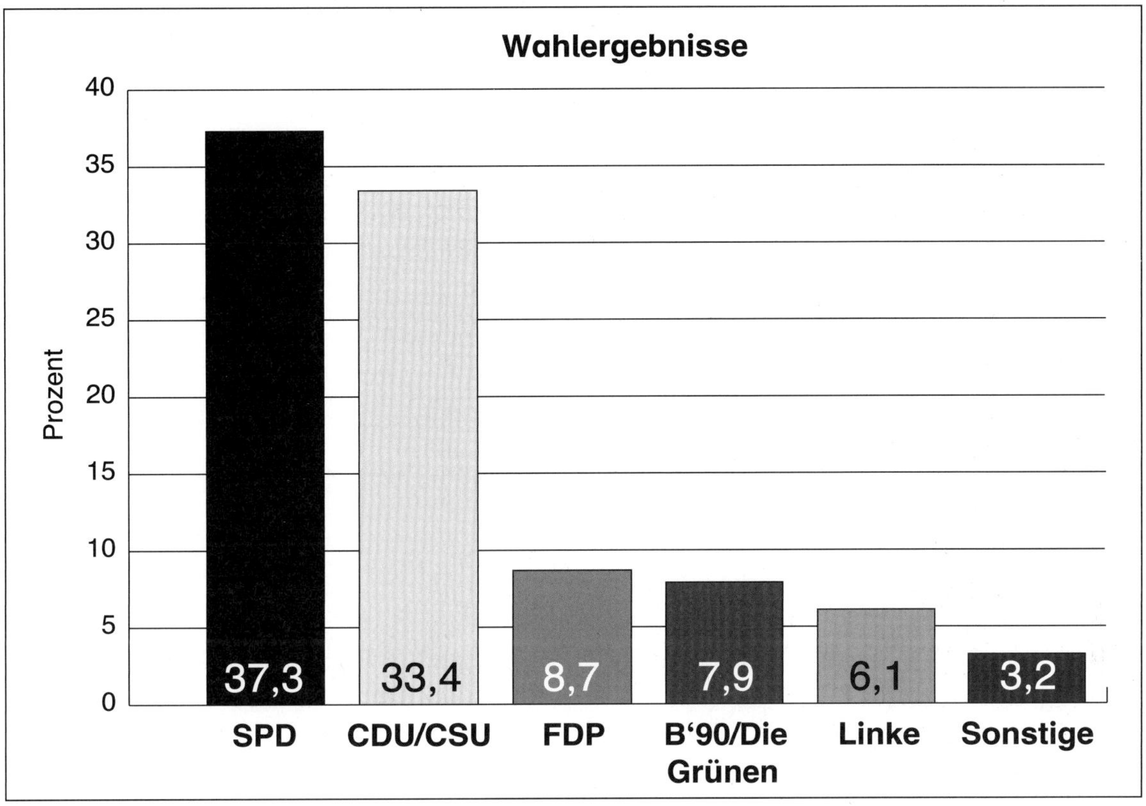

1. Welche Partei hat die meisten Stimmen bekommen?

____

2. Welche Partei hat die zweitmeisten Stimmen bekommen?

____

3. SPD und Bündnis 90/Die Grünen möchten zusammenarbeiten. Haben sie zusammen mehr Stimmen als CDU/CSU und FDP?

____

Worterklärungen: Ein kleines Politik-Lexikon

Bundeskanzler
Der Bundeskanzler leitet die Regierung. Er ist der wichtigste Politiker.

Bundesland
Deutschland ist aus mehreren Ländern zusammengesetzt. Diese nennt man Bundesländer. Davon gibt es insgesamt 16.

Bundesminister
Bundesminister gehören zur Bundesregierung. Sie kümmern sich um bestimmte Aufgaben, zum Beispiel Gesundheit, Arbeit oder Familie.

Bundespräsident
Der Bundespräsident wird für 5 Jahre von der Bundesversammlung gewählt. Er vertritt Deutschland im Ausland. Er muss jedes Gesetz unterschreiben, damit es gültig wird.

Bundesrat
Der Bundesrat hat 69 Mitglieder. In den Bundesrat schickt jedes Bundesland mehrere Vertreter. Je nachdem, wie viele Einwohner ein Bundesland hat, kann es zwischen 3 und 6 Vertreter schicken. Manche Gesetze, die von den Politikern der Regierung gemacht werden, können nur gültig werden, wenn der Bundesrat zustimmt.

Bundesregierung
Die Bundesregierung wird bei der Bundestagswahl gewählt. Die Parteien mit den meisten Stimmen bilden zusammen die Regierung. Da eine Partei alleine meistens nicht die Mehrheit der Stimmen erhält, schließen sich oft zwei Parteien zusammen und bilden die Bundesregierung. Die Bundesregierung macht Gesetze, die für ganz Deutschland gelten.

Bundesrepublik Deutschland

Deutschland wird auch Bundesrepublik Deutschland genannt. Deutschland besteht aus mehreren Bundesländern. Die Hauptstadt Deutschlands ist Berlin.

Bundestag

Zum Bundestag gehören alle Politiker, die bei der Bundestagswahl einen Sitz im Bundestag erhalten haben. Dazu gehören die Politiker der Regierung und der Opposition. Die Politiker des Bundestages treffen sich in Berlin.

Bundestagspräsident

Der Bundestag besteht aus den gewählten Politikern der Parteien.
Der Bundestagspräsident leitet den Bundestag.

Bundestagswahl

Bei der Bundestagswahl wird die Regierung von ganz Deutschland gewählt.
Bei der Bundestagswahl entscheidet sich auch, wer Bundeskanzler wird.

Bundesversammlung

Die Bundesversammlung wählt den neuen Bundespräsidenten.
Sie besteht aus allen Mitgliedern des Bundestages und gleich vielen Personen, die von den einzelnen Bundesländern benannt werden.

Bürger

Die Menschen, die in einer Stadt oder in einem Land leben, nennt man Bürger. Alle Bürger sind gleich, keiner hat mehr Rechte als ein anderer.

Bürgermeister
Ein Bürgermeister ist der wichtigste Politiker eines Ortes oder einer Stadt. In Berlin, Bremen und Hamburg ist der Bürgermeister gleichzeitig Chef der Landesregierung. Das liegt daran, dass diese Städte Stadt und Bundesland zugleich sind.

Bürgerschaftswahl
Bei der Bürgerschaftswahl wird die Regierung von Bremen und von Hamburg gewählt.

DDR
Von 1949 bis 1990 gab es zwei verschiedene deutsche Staaten. Im Westen gab es die BRD, das ist die Abkürzung für Bundesrepublik Deutschland. Im Osten gab es die DDR, das ist die Abkürzung für „Deutsche Demokratische Republik“. 1990 wurden beide deutsche Staaten vereinigt.

Debatte
Debatten sind Streitgespräche mit klaren Regeln. Ein Leiter legt die Reihenfolge der Redner fest. Die Redner können dann nacheinander ihre Für- oder Gegen-Argumente vortragen. Am Schluss wird abgestimmt.

Demokratie
Demokratie heißt „Herrschaft des Volkes“. In einer Demokratie wählen die Menschen Personen oder Parteien, die ihre Meinung vertreten sollen und das Land als Stellvertreter regieren.

Deutschland
Deutschland ist ein Land in Europa. Es besteht aus 16 Bundesländern. Die Hauptstadt von Deutschland ist Berlin. Deutschland wird auch Bundesrepublik Deutschland genannt.

Diktatur

Diktatur heißt, dass eine kleine Gruppe von Menschen, manchmal nur eine einzige Person, die Macht in einem Land hat. Diese Gruppe oder Person wurde meistens nicht frei gewählt, sondern hat sich mit Gewalt an die Macht gebracht.

Erststimme

Mit der Erststimme wird ein Politiker aus dem Wahlkreis gewählt.

Europa

Europa ist ein Kontinent. Zu Europa gehören ungefähr 50 Länder.

Europäische Union

Die Europäische Union ist ein Zusammenschluss aus derzeit 27 Ländern, die alle in Europa liegen. Die Abkürzung für Europäische Union ist EU.

Europäisches Parlament

Das Europäische Parlament ist das Parlament der Europäischen Union. Zum Parlament gehören die Volksvertreter aller Staaten, die zur Europäischen Union gehören.

Europawahl

Bei der Europawahl werden die Politiker für das Europäische Parlament gewählt. Im Europäischen Parlament treffen die Politiker Entscheidungen, die für alle 27 Länder der Europäischen Union wichtig sind.

Fraktionsgemeinschaft

Fraktionsgemeinschaft heißt, dass eine Gruppe von Menschen mit ähnlichen politischen Interessen sich zusammengeschlossen haben, um gemeinsam Politik zu machen. Im Bundestag arbeiten die CDU und die CSU schon sehr lange zusammen und bilden eine Fraktionsgemeinschaft.

Gemeinde
Gemeinden sind Orte oder Städte.

Gemeinderat
Zum Gemeinderat gehören die Politiker einer Gemeinde, die bei einer Kommunalwahl gewählt wurden.

Gesetz
Ein Gesetz ist eine Regel, an die sich alle Menschen halten müssen, für die sie gilt. Die meisten Gesetze gelten für ganz Deutschland. Andere gelten nur für eine Stadt oder ein Bundesland.

Grundgesetz
Im Grundgesetz stehen die wichtigsten Regeln für das Zusammenleben der Menschen in Deutschland. Das Grundgesetz gibt es seit 1949. In diesem Jahr wurde die Bundesrepublik Deutschland gegründet.

Kanzlerkandidat
Vor einer Bundestagswahl sagen die Parteien, wer Bundeskanzler werden soll, wenn sie die Wahl gewinnen. Diese Personen sind die Kanzlerkandidaten.

Koalition
Eine Koalition ist ein Bündnis von mehreren Parteien. Sie schließen sich zusammen, um eine Mehrheit zu haben. Damit die Zusammenarbeit gut funktioniert, sollten sie möglichst viele gleiche Ansichten haben.

Kommunalwahlen
Bei den Kommunalwahlen werden die Politiker für einzelne Kreise oder Gemeinden gewählt.

Konservativ
Als konservativ gelten Parteien, denen sehr viel an traditionellen Werten liegt. Neue Dinge und Veränderungen werden erst einmal kritisch betrachtet.

Kreisrat
Zum Kreisrat gehören die Politiker eines Kreises, die bei einer Kommunalwahl gewählt wurden. Ein Kreis besteht aus mehreren Städten.

Landtag
Zum Landtag gehören die Politiker, die für ein bestimmtes Bundesland zuständig sind. Sie wurden bei der Landtagswahl gewählt.

Landtagswahl
Bei der Landtagswahl wird die Regierung eines Bundeslandes gewählt.

Liberal
Als liberal gelten Parteien, die möchten, dass sich der Staat möglichst wenig einmischt. Sie wollen weniger Regelungen.

Minister
Minister gehören zur Regierung. Sie kümmern sich um bestimmte Aufgaben, zum Beispiel der Gesundheitsminister um Gesundheit oder der Arbeitsminister um den Bereich Arbeit.

Ökologie
Ökologie ist eine Wissenschaft. Ökologen erforschen, wie Menschen, Tiere und Pflanzen und ihre Umwelt voneinander abhängig sind.

Opposition
Die Parteien, die in einer Wahl nicht gewonnen haben, bilden die Opposition. Die Opposition ist auch wichtig. Sie muss aufpassen, dass Gesetze eingehalten werden.

Parlament

Im Parlament sitzen alle gewählten Politiker, die Gesetze machen können. Das Parlament für ganz Deutschland heißt Bundestag, die Parlamente für die Bundesländer heißen Landtage.

Partei

In den Parteien finden sich Menschen zusammen, die ähnliche politische Ansichten haben. Sie möchten gerne gewählt werden, damit sie ihre Ideen umsetzen können. In Deutschland gibt es fünf große Parteien: CDU/CSU, SPD, Bündnis 90/ Die Grünen, FDP und Die Linke.

Parteiprogramm

Jede Partei hat ein Parteiprogramm. Darin steht, was sie tun möchte, wenn sie bei einer Wahl gewinnt.

Politik

Politik heißt, dass eine Gruppe von gewählten Menschen Regeln aufstellt und Entscheidungen trifft, die für alle Menschen in einer Stadt oder einem Land gelten.

Politiker

Menschen, die Politik machen, also Gesetze und Entscheidungen für das Zusammenleben in einer Stadt oder einem Land treffen, heißen Politiker.

Regierung

Die Regierung macht Gesetze. Sie besteht aus den Politikern und Parteien, die bei einer Wahl gewonnen haben. Die Regierung in Deutschland nennt man auch Bundesregierung.

Staatsbürgerschaft
Die Bürger eines Staates haben die Staatsbürgerschaft dieses Staates. In Deutschland ist man deutscher Staatsbürger, wenn mindestens ein Elternteil schon deutscher Staatsbürger ist oder man die deutsche Staatsbürgerschaft beantragt hat. Das kann man, wenn man zum Beispiel ursprünglich aus einem anderen Land kommt, aber schon mehrere Jahre in Deutschland lebt.
Wer einen deutschen Personalausweis hat, ist deutscher Staatsbürger.

Solidarität
Solidarität heißt „Zusammengehörigkeit“. Solidarisch sein heißt, dass sich Menschen oder Gruppen gegenseitig helfen.

Wahl
Bei Wahlen werden Politiker und/oder Parteien gewählt. Diese Wahlen sind für alle gleich, freiwillig und geheim.

Wahlbenachrichtigung
Die Wahlbenachrichtigung ist eine Einladung zu einer Wahl.

Wahlen zum Abgeordnetenhaus
Bei den Wahlen zum Abgeordnetenhaus wird die Regierung von Berlin gewählt.

Wahlkabine
Die Wahlkabine ist meistens eine Stehwand, die auf einem Tisch steht. In einer Wahlkabine kann man den Wahlschein ausfüllen, ohne dass jemand anderes sehen kann, was man wählt.

Wahlkampf

Wahlkampf ist Werbung für bestimmte Parteien oder Politiker. Die einzelnen Parteien und Politiker sagen den Menschen in der Zeit vor einer Wahl, was sie tun möchten, wenn sie die Wahl gewinnen.

Wahlkreis

Deutschland ist in verschiedene Wahlkreise aufgeteilt. Die meisten Politiker, die gewählt werden möchten, können nicht in ganz Deutschland, sondern nur in ihrem eigenen Wahlkreis gewählt werden.

Wahlschein

Auf dem Wahlschein macht man ein Kreuz hinter den Politiker oder hinter die Partei, den bzw. die man wählen möchte.

Wahlurne

Die Wahlurne sieht aus wie ein großer Briefkasten. In die Wahlurne wirft man den ausgefüllten Wahlschein.

Wahlversprechen

Vor den Wahlen erklären die Politiker, was sie ändern und verbessern möchten, wenn sie gewählt werden. Sie versuchen, Werbung für sich zu machen. Nicht alle Wahlversprechen werden nach der Wahl auch gehalten.

Zweitstimme

Mit der Zweitstimme wird bei der Bundestagswahl eine Partei gewählt.

Internettipps

Im Internet finden Sie weitere Materialien zur politischen Bildung.
Die meisten davon sind nicht ohne Modifikationen für die Schülerschaft an Förderschulen geeignet. Die Texte sind oft zu schwierig oder gehen zu sehr ins Detail. Viele der angebotenen Materialien lassen sich jedoch zumindest teilweise nutzen oder bilden einen guten Überblick über weitere und tiefer gehende Möglichkeiten der Bearbeitung politischer Themen im Unterricht.
Besonders umfangreich ist das Angebot der Bundeszentrale für politische Bildung. Auf den Seiten der Bundeszentrale finden Sie zahlreiche gut aufbereitete Medien und Texte. Diese können teilweise kostenlos heruntergeladen oder gegen eine geringe Gebühr bestellt werden. Die Startseite erreichen Sie über:

http://www.bpb.de

Einen ständig aktualisierten Linkkatalog für politische Themen speziell für Förderschulen finden Sie hier:

http://sonderpaedagoge.de/wlinks/index.php?bereich=Ufach_Politik

Hinweis: Da im Internet häufig „Umzüge" und damit verbundene Adressänderungen stattfinden, kann es möglich sein, dass ein Verweis nicht mehr funktioniert. Meist können Sie dann aber durch eine alternative Google-Suche zu Stichwörtern, die Sie im Text finden, ans Ziel gelangen.

(Noch ein rechtlicher Hinweis: Für die Richtigkeit, Vollständigkeit und Aktualität der im Buch genannten Internet-Seiten kann der Verlag keine Gewähr übernehmen.)

Für jüngere Schüler finden Sie hier eine Auswahl an Angeboten:

- *Hanisauland*
  In Hanisauland bauen Hasen, Nilpferde und Säue gemeinsam eine Demokratie auf. Mit Hinweisen für Lehrer und Eltern sowie einem Politiklexikon. http://www.hanisauland.de

- *Politibongo*
  Im Bundestag sind Außerirdische gelandet. In der Kinderserie „Politibongo" begegnen Siri, Lomo und Käpt'n Mosch der Politik einmal anders. Für Kinder sehr ansprechend und informativ gestaltet.
  - Als Onlinemedium:
    https://www.bundestag.de/bundestag/parlamentsfernsehen/vod/politibongo.html
  - Als DVD:
    http://www.btg-bestellservice.de (Suche im Bereich „Schulmaterialien")
  - Als Begleitmaterial:
    http://webarchiv.bundestag.de/archive/2009/0626/interakt/informat/schulmaterialien/bongoschule_artikel.html
- *Regieren kapieren*
  Internetangebot der Bundesregierung für 10- bis 14-jährige Kinder und Jugendliche. http://www.regierenkapieren.de
- *Schulmaterialien des Deutschen Bundestages*
  https://www.btg-bestellservice.de

Für ältere Schüler eignen sich u.a. diese Angebote:

- Gerd Schneider/Christiane Toyka-Seid (Hrsg.): Das junge Politik-Lexikon. Schriftenreihe (Bd. 540) der Bundeszentrale für politische Bildung, 2008. Kostenlos und aktuell im Internet:
  http://hanisauland.de/lexikon

- Wahl-O-Mat
  Ein Wahlsimulator im Internet.
  http://www.wahl-o-mat.de

- Wahlen in Deutschland
  Alles Wissenswerte zu Wahlen kurz und knapp.
  http://korte-wahlenbuch.bpb.de

- Schekker
  Schekker ist das Jugendmagazin der Bundesregierung. Einmal monatlich erscheinen dort Texte aus den Themenbereichen Politik, Wirtschaft und Gesellschaft.
  http://www.schekker.de

Das Angebot an Internetseiten wandelt sich permanent. Gerade vor Wahlen werden zahlreiche neue Internetseiten veröffentlicht, die kurz danach wieder verschwunden sind. Es lohnt sich also, alle paar Wochen mit Suchmaschinen gezielt nach neuen Angeboten zur politischen Bildung zu suchen.

Speziell für Schülerinnen und Schüler mit Lernschwierigkeiten eignen sich auch Angebote in leichter Sprache. Eine ständig aktualisierte Übersicht über solche Angebote finden Sie hier:
http://sonderpaedagoge.de/wlinks/index.php?bereich=politik_leicht

Literaturtipps

- Siegfried Frech (Hrsg.): Methodentraining für den Politikunterricht I–II. Schwalbach 2003/2006
- Hermann Giesecke: Politische Bildung: Didaktik und Methodik für Schule und Jugendarbeit. Weinheim 2000
- Bernd Janssen: Kreativer Politikunterricht: Wider die Langeweile im schulischen Alltag. Schwalbach 2007
- Dagmar Richter (Hrsg.): Politische Bildung von Anfang an. Schriftenreihe (Bd. 570) der BPB. 2007
- Sibylle Reinhardt (Hrsg.): Politik-Methodik: Handbuch für die Sekundarstufe I und II. Berlin 2007
- Wolfgang Sander (Hrsg.): Handbuch politische Bildung. Schwalbach 2005

Jederzeit optimal vorbereitet in den Unterricht?